사고와 표현

호남대학교 사고와표현 교재편찬위원회

박영사

들어가기

오늘날 대학은 단순히 학문적 지식을 습득하는 장소를 넘어 학생들이 다양한 능력을 배양하는 곳으로 변화하였다. 특히 4차 산업혁명과 지식정보화 사회로의 전환은 대학 교육의 방향과 내용을 크게 변화시켰다. 이러한 변화 속에서 글쓰기와 말하기 능력의 중요성은 그 어느 때보다도 강조되고 있다.

4차 산업혁명은 인공 지능(AI), 빅데이터, 사물인터넷(IoT) 등의 기술 발전을 중심으로 이루어지고 있다. 이러한 기술들은 많은 양의 정보를 처리하고 분석하는 데에 능하지만 인간 고유의 창의적 사고와 복잡한 문제 해결 능력을 대신하기에는 부족하다. 따라서 정보의 이해와 활용, 이를 바탕으로 한 창의적이고 비판적인 사고가 더욱 중요해지고 있다.

지식정보화 사회에서는 정보의 생산과 소비가 빠르게 이루어지며 이를 효과적으로 전달하고 설득하는 능력이 핵심 역량으로 부상하고 있다. 글쓰기와 말하기는 이러한 능력을 개발하는 데에 필수적인 도구이다. 글쓰기를 통해 우리는 자신의 생각을 체계적으로 정리하고 논리적으로 표현하는 능력을 기를 수 있다. 또한 말하기는 타인과의 원활한 소통을 가능하게 하여 협력과 설득의 능력을 향상시킨다.

이러한 시대적 흐름이 있기 이전에도 우리는 각자의 생각과 감정을 다른 사람과 주고받기 원해 왔다. 학습도 넓게 보면 같은 과정에 속한다. 우리는 단순한 사실부터 심오한 이론에 이르기까지 다양한 정보를 접하고, 이를 각자의 지식으로 수용한 뒤 그 결과를 다시 상대에게 증명하는 일을 반복하며 성장한다. 개개인의 성장은 자연스럽게 사회의 발전으로 연결된다. 소통은 관계 맺음뿐만 아니라 사회를 유지하는 전제이자 필수 요소이다.

말과 글은 가장 효율적인 소통의 도구이다. 도구를 목적에 맞게 다루기 위해서 사용법을 익혀야 하듯, 말과 글도 제대로 사용하기 위해서는 꾸준한 연습이 필요하다. 지식과 감정 등은 말과 글을 통해 더욱 명료해진다. 각자가 가진 매력과 능력을 가장 효율적으로 드러낼 수 있는 수단 역시 말과 글이다. 그러나 잘못 사용하면 상대에게 그 어떤 도구보다 깊은 상처를 줄 수도 있다. 글쓰기와 말하기의 원칙과 기술을 체계적으로 학습하고, 다양한 활동을 통해 연습하는 과정이 필요한 이유이다.

대학에서 글쓰기와 말하기가 차지하는 중요성은 더욱 크다. 먼저 글쓰기는 학문적 사고를 체계화하고 논리적으로 표현하는 능력을 길러준다. 대학에서의 학습은 단순한 정보의 습득이 아닌 이를 비판적으로 분석하고 자신의 관점에서 재구성하는 과정을 포함한다. 글쓰기를 통해 학생들은 자신의 생각을 명확하게 정리하고 논문이나 보고서와 같은 학술적 글쓰기를 통해 이를 체계적으로 표현할 수 있게 된다. 이는 학업 성취뿐만 아니라 이후 연구나 전문 직업 분야에서도 중요한 능력으로 작용한다.

또한 말하기는 원활한 의사소통과 협력 능력을 키우는 데 필수적이다. 대학 생활은 교수와 학생, 학생과 학생들 간의 상호작용을 통해 이루어진다. 수업 시간의 발표나 토론은 학생들이 자신의 의견을 명확히 전달하고 타인의 의견을 경청하며 논리적인 반박을 통해 자신의 주장을 강화하도록 한다. 이 과정에서 말하기 능력은 필수적이며 이는 곧 사회적 상호작용과 팀워크가 중요한 현대 사회에서 매우 유용한 기술이 된다.

글쓰기와 말하기는 문제 해결과 창의적 사고를 촉진한다. 복잡한 문제를 해결하기 위해서는 문제를 명확하게 정의하고 다양한 관점을 고려한 후에 이를 논리적으로 분석하고 결론을 도출하는 과정이 필요하다. 글쓰기는 이러한 사고 과정을 명료하게 하는 도구이며 말하기는 이를 다른 사람들과 공유하고 협력하는 수단이 된다. 따라서 대학에서의 글쓰기와 말하기는 학생들이 창의적이고 비판적인 사고를 발전시키는 데 중요한 역할을 한다.

무엇보다 글쓰기와 말하기는 학생들이 자아를 표현하게 하고 학생들의 성취감을 증진하게 한다. 자신의 생각과 감정을 글이나 말로 효과적으로 표현하는 것은 자신감을 높이고 학문적 성취뿐만 아니라 개인적 성장에도 기여한다. 대학에서의 다양한 글쓰기와 말하기 과제는 학생들이 자신의 능력을 시험하고 이를 통해 지속적으로 성장할 수 있는 능력을 길러준다.

이러한 배경으로 이 책은 대학생들의 학업 수행에 필요한 글쓰기와 말하기를 중심으로 구성하였다. 각각의 영역은 이론과 실제로 나뉘어 단계별로 학습할 수 있도록 되어 있으며 교수자와 함께 이론과 방법을 학습한 후 이를 바탕으로 연습할 수 있도록 서술하였다. 또한 이 책은 글쓰기와 말하기를 상호보완적으로 활용할 수 있는 다양한 방법을 제시한다. 구성상 글쓰기와 말하기는 분리되어 있지만, 논리적 글쓰기는 명료한 말하기로 연결되어 명확한 소통으로 이어지는 말을 다듬는 과정에서 글의 논리성을 강화할 수 있다. 따라서 학생들은 이 책을 통해 효과적으로 글쓰기와 말하기 능력을 함께 향상시킬 수 있을 것이다.

이 책의 구성을 설명하면 다음과 같다. '글쓰기의 방법'에서는 글이 갖추어야 하는 형식적 요건들을 확인하고 학습한다. 글의 생산자와 수용자는 공간적, 시간적으로 분리된 경우가 많다. 완성된 글은 작자의 손을 떠나 홀로 독자에게 전달되므로, 그 자체로의 형식성을 갖추어야 한다. 먼저 문장이나 단락과 같은 글의 기본 단위를 익힌 뒤, 글쓰기의 과정을 구상, 구성, 인용, 수정의 네 단계로 나누어 학습한다. 또한 정의와 예시, 비교와 대조, 묘사와 서사, 논증 등 다양한 서술 방식을 살펴보고, 각 서술 방식의 특징과 활용법을 학습할 것이다.

'글쓰기의 실제'에서는 앞서 학습한 내용을 바탕으로 목적에 맞는 다양한 글쓰기를 학습한다. 대학에서의, 더 나아가 사회에서의 활용도를 고려하여, 학술적 글쓰기, 비평적 글쓰기, 성찰적 글쓰기로 나누었다. 각각이 달성하여야 하는 궁극적인 목표가 무엇인지 확인하고, 실용적인 예시를 통해 글쓰기를 연습하도록 하였다.

'말하기의 방법'은 의사소통의 근간이 되는 핵심적인 원칙들과 함께, 우리가 의사소통을 할 때 지켜야 할 태도와 기술에 대해 깊이 있게 탐색한다. 말하기는 발화 맥락의 영향을 크게 받기 때문에, 발화와 동시에 여러 가지 요건을 함께 고려해야 한다. 의사소통이 단순히 정보의 교환만을 의미하는 것이 아니라, 상대방과의 관계 구축, 감정의 공유, 생각과 의견의 표현 등 많은 차원에서의 교류를 포함한다는 것을 깨닫도록 한다.

'말하기의 실제'는 발표하기와 토론하기로 나누어 구성하였다. '발표하기'에서는 발표를 하기 전에 준비해야 할 것과, 발표할 때 주의해야 할 점과 팁을 배운다. 청중의 관심을 끄는 방법과 내용을 명확하게 전달하기 위한 기법을 소개한 뒤, 마지막으로 발표의 성과를 확인하는 방법도 배울 수 있을 것이다. '토론하기'에서는 다양한 의견을 주고받는 활동인 토론의 전반적인 과정을 깊게 들여다본다. 토론을 준비하는 방법부터 실제 토론이 이루어지는 과정, 그리고 토론의 성과와 효과를 평가하는 방법까지를 상세히 다룬다.

말하기와 글쓰기를 기반으로 운영되는 대학 수업에서 발표와 토론, 보고서 작성의 순간에 이 책에서 학습한 내용이 도움이 되어 줄 것이다. 그러나 무엇보다 중요한 것은 적극적인 연습을 통해 각자에게 잘 맞는 글쓰기와 말하기의 방법이 무엇인지 찾아내는 것이다. 대학 생활을, 더 나아가 삶을 풍요롭게 만들어 줄 수 있는 가장 기본적이고 효율적인 무기를 얻는 연습을 이제 시작해 보자.

차례

01 글쓰기의 방법

02 글쓰기의 실제

03 말하기의 기초

04 말하기의 실제

글쓰기의 방법

Chapter

01

글쓰기의 방법

1.1 글쓰기의 준비

1 문장

좋은 요리사는 요리 재료의 특성을 파악하고, 각 재료 풍미를 살리기 위해 노력한다. 글쓰기도 마찬가지이다. 글의 기초 단위는 문장이다. 좋은 글은 좋은 문장을 쓰는 것에서 시작된다.

문장은 '개인의 생각이나 감정을 말과 글로 표현할 때, 완결된 의미를 나타내는 최소 단위'로 정의된다. 문장다움을 의미의 완결성으로 본 정의이다. 의미의 완결성은 형식적 완성도, 문맥과의 조화를 통해 실현된다. 또한 우리나라에서는 공공언어(사회의 구성원이 보고 듣고 읽는 것을 전제로 사용하는 공공성을 띤 언어)를 표기할 때 적용해야 하는 규범을 마련하고 있어, 이 역시 고려해야 한다. 지금까지의 내용을 바탕으로 올바른 문장이 갖추어야 할 요건을 정리하면 다음과 같다.

첫째, 형식을 갖춘 문장
둘째, 의미가 잘 드러나는 문장
셋째, 맥락에 맞게 표현한 문장
넷째, 규범에 맞게 쓴 문장

❶ 형식을 갖춘 문장

단어를 모아 놓는다고 해서 저절로 문장이 되지는 않는다. 문장을 이루는 단어는 문장 내에서 각자 하나의 역할을 맡게 된다. 그러므로 문장을 구성하는 데 필요한 역할의 단어가 충분히 갖추어져 있어야 하며 적절한 위치에 배치되어야 한다. 또한 제 역할에 맞는 조사와 결합해야 하는 것도 중요하다. 형식을 갖춘 문장을 쓰기 위해 고려해야 할 사항을 다섯 가지 원칙으로 정리해 보았다. 함께 살펴보자.

원칙1. 짧고 간결하게 쓴다.
원칙2. 문장 성분을 제대로 갖추어 쓴다.
원칙3. 관련된 문장 성분을 가깝게 배치한다.
원칙4. 조사를 정확히 사용한다.
원칙5. 접속 대상의 문법적 지위를 대등하게 맞춘다.

원칙1. 짧고 간결하게 쓴다.

짧고 간결한 문장은 좋은 문장의 기본 요건이다. 되도록 하나의 문장에 하나의 메시지가 담기도록 쓴다. '꽃이 예쁘다, 지희가 밥을 먹는다'와 같이 주어와 서술어 한 쌍으로 이루어진 문장을 홑문장(단문)이라고 한다. 이를 기본 단위로 해서, 둘 이상의 문장을 잇거나(이어진문장) 문장 안에 또 다른 문장을 넣어(안은문장) 늘릴 수 있다. 이렇게 확대된 문장을 겹문장(복문)이라고 하는데, 하나의 겹문장에 들어갈 수 있는 홑문장의 개수에는 제한이 없다.

하지만 문장의 구조가 지나치게 복잡해지면 형식적인 오류가 발생할 가능성도 커진다. 또한 문장의 의미를 파악하는 데에도 방해가 될 수 있다. 문장을 이해하기 위해 여러 번 읽어야 한다면 좋은 문장이라고 할 수 없다. 짧은 문장을 잘 써야, 긴 문장도 잘 쓸 수 있다. 아래의 글은 지나치게 긴 하나의 문장으로 쓰여 있다. 독자가 글의 호흡을 잘 따라갈 수 있도록 문장을 끊어 다시 써 보자. 끊은 곳에 문장 부호를 챙겨 넣는 것도 잊지 말자.

대학 생활은 새로운 지식을 탐구하고, 사고력을 발전시키며, 미래를 준비하는 중요한 기간인데, 글쓰기는 이 과정에서 단순한 기술을 넘어 학습과 성장을 위한 필수적인 도구로서 중요한 역할을 하고, 대학생은 글을 쓰면서 논리적 사고, 비판적 사고, 창의적 사고 능력을 키울 수 있으므로, 자신을 발전시키고 미래를 준비하기 위해 글쓰기 학습이 필요하다.

↓

_____

_____

_____

_____

_____

_____

원칙2. 문장 성분을 제대로 갖추어 쓴다.

서술어는 기본적으로 주어를 요구하며, 의미에 따라 목적어나 보어, 부사어를 요구하는 경우도 있다. 이를 문장 성분의 호응이라고 한다. 문장의 구조와 의미가 완결성을 갖추려면 반드시 호응이 맞아야 한다. 문장에 꼭 필요한 문장 성분을 빠뜨리지 않고 호응에 맞게 쓰도록 연습이 필요하다. 다음 문장을 성분 간의 호응이 자연스러워지도록 고쳐 보자.

가. 사고 능력과 표현 능력을 이 수업을 통해 한 단계 성장하는 것이 이번 학기의 목
  표이다.

  → _____

나. 이 고장은 음식과 경치가 아름답다고 소문난 곳이다.

  → _____

다. 일정 관리와 목표 설정을 통해 시간을 효율적으로 활용을 할 것이다.

  → _____

가)에서 '성장하다'는 '민족의식이 성장하다.'와 같이 주어만을 취하는 동사이 므로 목적어 '사고 능력과 표현 능력을'과 호응하지 못한다. 목적어를 취할 수 있는 '성장시키다'나 '기르다'로 서술어를 바꾸어야 한다.

나)에서 '아름답다'는 '경치가'의 서술어는 될 수 있으나, '음식'의 서술어로는 기능하지 못한다. '맛있다'나 '다양하다'처럼 '음식'을 주어로 취할 수 있는 서술 어를 보충해야 한다.

다)에는 목적어가 중복되어 있다. 구어에서는 '귤은 그 마트가 백 원이 싸다.' 와 같이 주어를 중복하여 쓰거나 다)처럼 목적어를 중복하여 말하는 일이 잦다. 또한 화자와 청자 모두 이를 자연스럽게 받아들인다. 하지만 문어에서는 문장 성분의 중복이 부자연스럽게 느껴지며, 때에 따라 문장의 구조를 파악하는 데 에도 어려움을 줄 수 있으므로 피하는 것이 좋다.

원칙3. 관련된 문장 성분을 가깝게 배치한다.

목적어와 서술어, 수식어와 피수식어는 서로 의미적인 관련성을 가지고 있 으므로 거리를 가깝게 두는 것이 좋다. 이러한 문장 성분들이 지나치게 멀리 떨 어져 있으면 무슨 의미인지 여러 번 읽어야 해석이 가능한 문장이 된다. 다음은 문장 성분의 위치를 조정하여야 하는 예들이다. 자연스럽게 고쳐 보자.

가. 혼자서는 해내기 어려운 행사 준비를 이제 갓 입학한 신입생 한 명에게 맡길 수는 없다.

→ _____

나. 진실한 친구의 조언에 크게 감동했다.

→ _____

가)에서 목적어의 역할을 하는 부분은 '혼자서는 해내기 어려운 행사 준비를' 이다. 목적어와 서술어 '맡기다' 사이에 길이가 긴 부사어 '이제 갓 입학한 신입생 한 명에게'가 포함된 구조이다. 목적어와 부사어의 위치를 바꾸어 주면 보다 안정적인 문장이 된다.

나)에서 '진실한'이 꾸미는 대상은 '친구'가 아니라 '조언'이다. 이 역시 수식어와 피수식어가 자연스럽게 연결될 수 있도록 '진실한'을 '조언' 앞으로 옮기는 것이 좋다. 수식어의 위치에 따라 하나의 문장이 여러 개의 의미로 해석될 가능성도 있으므로 유의해야 한다.

원칙4. 조사를 정확히 사용한다.

조사는 체언 뒤에 결합하여 문장 내에서 체언이 맡은 역할을 드러내 준다. 그러므로 문장에 어울리는 조사를 적절하게 선택해야 한다. 다음 문장에서 부자연스러운 조사를 찾아 표시한 뒤, 바르게 고쳐 보자.

가. 해당 문제는 지도 교수님께 상담하시기를 바랍니다.

→ _____

나. 동생이 국전에서 대상을 받다니, 가문에 경사였다.

→ _____

> 다. 안내원이 "자, 도착했습니다."고 말했다.
>
> → _____
>
> 라. 대표들이 한자리에 모여 회사의 협력의 방안을 의논했다.
>
> → _____

상담은 일방적인 행위가 아니라 함께하는 일이므로 상담의 상대자에 '에'가 아니라 '와'를 결합해야 한다. 즉 가)에서 '교수님께'는 '교수님과'로 써야 한다.

나)에서는 '가문에'의 '에'가 부자연스럽다. '가문'이 '경사'를 꾸미는 구조이므로 '가문의'로 써야 한다. 조사 '의'는 실제로는 [에]로 발음되는 일이 더 잦아, '에'와 '의'를 혼동하기 쉬우므로 유의하여야 한다.

다)는 인용격 조사를 잘못 사용한 예이다. 인용은 남의 말이나 글을 그대로 따오는 직접 인용과 화자의 관점에서 해석하고 조정하여 가져오는 간접 인용으로 구분된다. 직접 인용에는 '라고'가 결합하고, 간접 인용에는 '고'가 결합한다. 다)는 안내원의 말을 그대로 옮긴 것이므로 '라고'를 써야 한다. '라고'와 '고'는 조사이므로 앞말에 붙여 써야 한다는 것도 기억하자.

라)는 '의'가 반복되어 부자연스럽다. 명사가 여러 개 연속될 때 '의'를 반복하는 것보다는 적절한 자리에 한 번만 사용하는 것이 더 자연스럽다. 또한 명사가 다른 명사를 수식할 때 '의' 없이 연결하는 것이 더욱 자연스러운 경우도 많다. '협력의 방안, 개선의 방안'보다는 '협력 방안, 개선 방안'이 더 많이 쓰인다. 불필요한 '의'가 쓰이지 않았는지 확인해 보자.

원칙5. 접속 대상의 문법적 지위를 대등하게 맞춘다.

글을 쓰다 보면 둘 이상의 내용을 연결해야 하는 상황이 생긴다. 이를 접속이라고 하는데, 주의해야 할 사항이 하나 있다. 바로 접속의 두 대상이 대등한 자격을 가져야 한다는 것이다. 단어는 단어와, 구는 구와, 문장은 문장과 접속해야 구조적으로 안정된 문장을 쓸 수 있다. 다음 문장들은 접속된 두 대상의 지위가 서로 달라 문제가 된다. 접속의 기능을 하는 표현과 해당 표현으로 접속된 두 대상을 찾고, 대등한 자격으로 연결되도록 고쳐 보자.

가. 이번 학기에는 학점 관리와 유학을 준비할 것이다.

→ _____

나. 나의 성격은 무엇이고, 내 성격에 끼친 여러 가지 영향에 대해 알아보고 싶었다.

→ _____

가)에서 접속의 기능을 하는 단어는 조사 '와'이다. '와'를 이용하여 '학점 관리'와 '유학을 준비하다'를 접속하였다. 선행 요소는 명사인데, 후행 요소는 문장이 연결되어 균형이 맞지 않는다.

나)에서 '알아보다'와 호응하는 요소는 두 가지이다. 하나는 '나의 성격은 무엇이고'이고, 다른 하나는 '내 성격에 끼친 여러 가지 영향'이다. 두 요소는 쉼표로 연결되어 있는데, 앞은 문장, 뒤는 명사구여서 구조가 서로 다르다. 선행 요소의 서술어를 빼거나 반대로 후행 요소에 적당한 서술어를 넣어 대등한 자격이 되도록 해야 한다.

'그리고, 또한, 하지만'과 같이 문장과 문장을 이어 주는 표현을 접속어라고 한다. 접속어는 이어야 할 문장의 사이, 즉 뒤 문장의 앞에 단독으로 쓰인다.

예 가. 나는 집에 돌아왔다. 그리고 곧 잠이 들었다.

　　 나. 운동을 하면 몸이 건강해진다. 또한 스트레스가 풀려 마음도 편안해진다.

'또한'을 쓸 자리에 '뿐만 아니라'를, '그러므로'를 쓸 자리에 '때문에'를 쓰는 예를 종종 볼 수 있는데, 이는 잘못된 표현이므로 유의해야 한다. '때문에'와 '뿐만 아니라'는 접속어가 아니므로 문장 앞에 단독으로 쓸 수 없다. 반드시 앞의 문장을 지칭하는 대명사와 함께 사용해야 한다.

예 (X) 운동을 하면 몸이 건강해진다. 뿐만 아니라 스트레스가 풀려 마음도 편안해진다.

　　 (O) 운동을 하면 몸이 건강해진다. 그뿐만 아니라 스트레스가 풀려 마음도 편안해진다.

❷ 의미가 잘 드러나는 문장

문장이 모여 한 편의 글이 된다. 문장 각각이 전달하고자 하는 의미가 명료해야, 전체 글의 의미 역시 분명해진다. 우선 글쓴이의 의도와 생각을 자신감 있게 드러내야 하며, 이를 수행할 수 있는 단어를 적절하게 배치하여야 한다. 의미가 잘 드러나는 문장을 쓰기 위해 고려해야 할 사항을 세 가지 원칙으로 정리해 보았다. 물론 각 원칙은 글쓴이의 의도에 따라 적용 방식이 달라질 수 있다.

원칙1. 능동적이고 명확한 표현을 사용한다.
원칙2. 단어 간 호응을 맞춘다.
원칙3. 잉여적인 표현을 쓰지 않는다.

원칙1. 능동적이고 명확한 표현을 사용한다.

우리는 겸손을 미덕으로 여긴다. 설명을 하거나 주장을 할 때도 겸손한 태도가 필요하다. 그러나 글의 내용은 명확해야 한다. 자신의 설명이나 주장을 얼버무리거나 수동적으로 표현하는 경우가 많은데, 이는 겸손과는 무관하다. 다음 문장에서 모호한 표현이나 피동 표현을 찾아 능동적이고 명확한 표현으로 바꿔 보자.

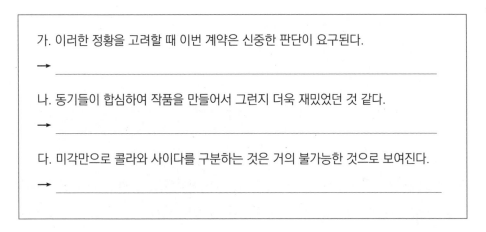

가)는 계약을 할 때 여러 상황을 고려하여 신중하게 판단해야 한다고 주장하는 글이다. 그러므로 '판단이 요구되다'와 같은 수동 표현보다는 '판단해야 한다'와 같은 능동 표현으로 쓰는 것이 좋다. 글쓴이의 자신감도 함께 전달할 수 있어 더욱 효과적이다.

나)에서는 '것 같다'를 삭제해야 한다. 경험과 경험에서 느꼈던 개인적인 감정을 전달하는 데 추정 표현을 쓸 이유가 없기 때문이다. 같은 이유로 다)에서는 '것으로 보여지다'를 삭제해야 한다. 게다가 '보여지다'는 이중 피동 표현이므로, 남기고자 할 경우 '보이다'나 '보아지다'로 써야 한다.

원칙2. 단어 간 호응을 맞춘다.

단어 사이에도 친소 관계가 있다. 어떤 단어는 함께 쓰이면 문장이 어색해진다. 이러한 단어 사이의 제약 관계를 어휘적 호응이라고 한다. 다음은 어휘적 호응이 제대로 이루어지지 않은 것들이다. 서로 어울리지 않는 단어를 찾고 바르게 고쳐 보자.

가. 그것은 결코 우연한 일이었다.

→ _____

나. 내게 소중한 사람은 오직 가족이다.

→ _____

다. 요즘은 인공 지능 기술이 활개를 치고 있다.

→ _____

'결코, 도무지, 별로, 전혀, 절대' 등은 '아니다, 못하다, 없다'와 같은 부정 표현과 호응한다. 가)처럼 부정어가 없는 문장은 어색하므로 '결코'와 호응하도록 서술어를 '일이 아니었다'로 바꾸어야 한다. 문장의 의미를 유지하려면 '결코'를 긍정문에 어울리는 '실로'로 바꾸면 된다.

어휘적 호응에는 정도의 차이가 있다. 가)는 한국인이라면 절대 사용하지 않을 문장이지만, 나)는 틀렸다고는 단언할 수 없다. 그러나 '오직, 다만'과 같은 부사어를 보조사 '만'이나 '뿐'과 함께 쓰면 더욱 자연스럽게 느껴진다.

관용구나 속담의 호응에도 유의해야 한다. 관용 표현은 사용 맥락이 고정된 경우가 많다. '활개를 치다'는 '도박'이나 '미신'과 같이 부정적인 대상이 성행하는 상황을 표현할 때 사용한다. 반대로 '입에 침이 마르도록'은 긍정적인 평가를 할 때 사용되므로 '입에 침이 마르도록 비난하다'와 같은 표현은 어색하다.

원칙3. 잉여적인 표현을 쓰지 않는다.

문장 내에 동일한 표현이 반복되지 않도록 주의해야 한다. 글이 지루해지고 성의 없어 보이기 때문이다. 다음 문장에서 중복된 표현을 찾아 바르게 고쳐 보자.

가. 제가 책을 많이 읽을 수 있었던 것은 부모님께서 책을 많이 읽으셨기 때문입니다.

→ _____

나. 보충 수업은 희망하는 학생들의 수가 과반수 이상일 때에만 열린다.

→ _____

가)에서는 '책을 많이 읽다'가 반복된다. 이런 경우 반복된 표현을 지우고 글의 의도가 살아나도록 적절한 단어를 넣어 문장을 수정해야 한다. 만약 글쓴이가 효과를 얻기 위해 전략적으로 반복한 것이라면 표현을 달리해 보는 것도 좋다.

'과반수'는 절반이 넘는 수를 말한다. 단어 안에 이미 '이상'이 가진 의미가 포함되어 있으므로 '과반수 이상'이나 '과반수를 넘다'는 어색하다. '과반수이다, 과반수를 차지하다' 정도로 표현해도 충분하다. '좋은 호평'이나 '따뜻한 온정'과 같은 표현도 마찬가지이다.

❸ 맥락에 맞게 표현한 문장

글은 소통 상황, 즉 맥락에 맞아야 한다. 구어라면 대화 참여자가 마주 앉아 표정이나 손짓과 같은 비언어적 요소까지 동원하여 대화를 나눈다. 그러나 문어로 소통할 때에는 의도와 생각을 전할 유일한 통로가 오로지 글뿐이다. 글쓴이와 독자가 원활히 소통하기 위해서는 문어에 맞는 정제된 형식이 요구된다. 또 한 가지 중요한 것은 글을 우리말답게 써야 한다는 것이다. 외국과의 교류가 활발해지면서 외국어를 직역한 문장이 더 많이 사용되고 있어 주의해야 한다. 맥락에 맞게 문장을 쓰기 위해 고려해야 할 원칙을 정리하면 다음과 같다.

원칙1. 문어답게 쓴다.
원칙2. 우리말답게 쓴다.

원칙1. 문어답게 쓴다.

구어는 문어와 다르다. 구어는 화자와 청자가 포함된 맥락 내에서 사용된다. 그러므로 형식적 완결성을 갖추지 않아도 소통의 문제가 발생하지 않는다. 그러나 문어는 상대적으로 맥락 독립적이어서, 글 자체의 형식과 틀이 중요하다. SNS와 같은 사적이고 친근한 글을 쓸 때라면 문제가 되지 않으나, 격식성과 전문성을 갖춘 공적 글쓰기에서는 문어를 문어답게 사용해야 한다. 동일한 의미가 구어와 문어에서 서로 다른 단어나 형식으로 표현되기도 하므로 주의하자. 다음 글을 문어로 바꿔 보자.

요즘 제게 가장 소중한 건 반려견 초코예요. 엄청 귀여운 푸들인데, 제가 힘들 때 가장 먼저 위로해 주는 베프입니다. 초코랑 매일 산책을 하는데, 첨엔 힘들었지만 지금은 없음 안 되는 필수 스케줄이 되었습니다.

↓

축약 표현은 구어에서 빈번하게 사용된다. '건, 첨엔, 없음' 등이 이에 해당된다. 이 표현들이 잘못은 아니지만, 문어답지 못한 느낌을 주는 주요 요인이 된다. '것은, 처음에는, 없으면'과 같이 원래의 형식을 갖추어 쓰는 것이 좋다. '엄청, 랑'과 같은 표현도 문어에서는 자주 사용되지 않는다. '무척, 와' 등으로 바꾸면 된다. '베프'와 같은 유행어 역시 특별한 효과를 위해서 선택한 단어가 아니라면 사용하지 않는 것이 좋다.

원칙2. 우리말답게 쓴다.

외래어 번역 투를 피해야 한다는 뜻이다. 외국어 문장을 그대로 번역한 듯한 문장은 어색하며, 의미 파악에도 방해가 된다. 이에 더하여, 외국어를 그대로 노출하기보다는 가능하다면 우리말로 대체하려는 노력이 필요하다.

가. 돌고래의 기억력은 강아지의 그것보다 뛰어나다.

→ _____

나. 친구들의 아이가 쓴 편지가 나를 울게 했다.

→ _____

다. 우리 학교는 광산구에 위치하고 있습니다.

→ _____

가)는 불필요한 지시어를 사용한 경우이다. 우리말에서는 중복된 성분을 생략하는 일이 잦고 자연스럽다. 영어 문장처럼 중복된 문장을 지시어로 적을 필요가 없다는 뜻이다. 나)는 무생물을 주어로 하는 문장이다. 행위의 주체인 '나'를 주어로 삼아 문장을 구성하는 것이 더 우리말답다.

다)에서 '~에 위치하고 있다'는 'be located at'을 번역한 문장이다. 우리말 표현 '~에 있다'로 전달하고자 하는 바를 충분히 표현할 수 있다. '모임(만남)을 가지다, (정치)에 있어서'도 자주 사용하는 외국어 번역 투 표현이다. '모임이 있다, (정치)에서'가 더욱 우리말답다.

❹ 규범에 맞게 쓴 문장

형식과 맥락에 맞추어 의미가 잘 드러나도록 문장을 썼다면, 마지막으로 점검해야 할 것이 하나 더 있다. 바로 어문규범이다. 어문규범이란 글을 쓰고 읽을 때 지켜야 할 공식적인 기준을 말한다. 우리나라의 어문규범은 '한글 맞춤법, 표준어 규정, 외래어 표기법, 국어의 로마자 표기법' 네 가지로 구성된다. 이 장에서는 고유어와 한자어를 한글로 표기할 때 적용하는 '한글 맞춤법'의 내용을 확인해 보자.

어문규범을 지키는 것은 글의 격식성을 갖추기 위한 것만이 아니다. 글쓴이에 대한 평가에도 영향을 주기 때문이다. 규범에 어긋나는 글을 자주 쓰는 사람에게 호감이 가지 않는다거나, 더 나아가 신뢰가 가지 않는다는 내용의 설문 조사 결과가 꾸준히 발표되는 것도 같은 맥락이다. 하지만 무엇보다도 어문규범을 지켜 글을 써야 하는 가장 근본적인 이유는 글의 가독성과 이해에 영향을 주기 때문이다.

예 1 가. 자근 털빠치 이써서 바테 여러 가지 꼬츨 시멀따.
　　　 나. 작은 텃밭이 있어서 밭에 여러 가지 꽃을 심었다.

가)는 소리 나는 대로 적은 것이고, 나)는 어문규범을 지켜 적은 것으로 두 문장의 의미는 동일하다. 그런데 표기의 차이만 있을 뿐인데도, 두 문장을 읽고 그 의미를 이해하는 데 드는 시간은 다르다. 가)는 소리를 내어 읽을 때 의미가 더 쉽게 파악된다. 어문규범의 핵심은 동일한 의미를 가진 표현의 표기를 통일하는 것인데, 이것이 가독성의 차이로 연결되는 것이다.

예 2 가. 병이 났어.
　　　 나. 병이 나았어.

가)의 '났어'는 '나다'에 '-았어'가 결합한 것으로 발병했다는 뜻이다. 나)의 '나았어'는 '낫다'에 '-았어'가 결합한 것으로 병이 치유되었다는 뜻을 담고 있다. 일상 대화에서는 '났어'와 '나았어'가 유사하게 발음되는데, 의미는 정반대인 셈이다. 어문규범에 맞추어 표기를 하면 두 문장의 의미 차이를 표시해 줄 수 있다는 장점이 있다. 다음 문장들에는 한글맞춤법에 어긋나는 표기들이 섞여 있다. 찾아서 바르게 적어 보자.

가. 너는 생일이 몇 월 몇 일이니?

나. 그럼 이따 뵈요.

다. 철수가 뭐래요, 오겠데요?

라. 그는 "학교에 다녀올게." 라고 말했다.

마. 어찌나 바쁘던지 집을 떠난지 일주일이 된 줄도 몰랐다.

  각 어문규범의 첫 부분에는 전체에 적용되는 총칙이 제시된다. 한글 맞춤법의 제1항은 '표준어를 소리대로 적되, 어법에 맞도록 함을 원칙으로 한다.'이다. 발음대로 적는 것이 기본이지만, 의미를 명확히 드러내기 위해서는 발음과 표기가 달라질 수 있다는 뜻이다. 가)에서 '몇 일'은 '며칠'로 적어야 한다. '몇'을 홀로 발음하면 [면]이 되므로 '일'과 붙여 읽으면 [며딜] 또는 [면닐]이 되어야 한다. 실제로 '몇 월'은 [며뒬]로 발음된다. 하지만 한국인 모두가 [며칠]로 발음하므로 두 단어의 경계가 사라졌다고 보아 소리 나는 대로 적는 것이다.

  나)와 다)는 반대의 경우이다. 나)의 '뵈요'는 '봬요'로, 다)의 '오겠데요'는 '오겠대요'로 적어야 한다. '뵈요'와 '봬요', '데요'와 '대요'는 한국인 대부분이 더 이상 구분하지 않고 발음하고 있어 '소리대로 적되'를 적용하면 어떻게 적어도 문제가 되지 않는다. 하지만 '하여요'가 줄어든 '해요'를 '하요'로 적지 않듯이 '뵈'와 '요' 사이에 있어야 하는 '-어'를 밝혀 적어 주는 것이다. '이렇게 하면 돼요', '이번 설은 우리 집에서 쇄요'도 동일하다.

  '데요'와 '대요'는 둘 다 한국어에서 사용되는 바른 표기인데, 서로 의미가 다르다. '데요'는 직접 경험한 사실을 보고할 때 쓰고, '대요'는 다른 사람이 말한 내용을 간접적으로 전달할 때 쓴다. '다고 해요'를 줄여 쓰는 것이다. 다)는 철수가 했던 말을 전달하는 경우이므로 '오겠대요'라고 써야 한다. 자신이 이전에 겪었던 일을 적을 때에는 '어제 그 친구 정말 재밌데요.'와 같이 '데요'로 구분하여 적으면 된다.

  라)와 마)는 띄어쓰기를 수정해야 한다. 한글 맞춤법 제2항은 '문장의 각 단어는 띄어 씀을 원칙으로 한다.'이다. 의미 파악을 위해 단어별로 띄어 쓰도록 한 것인데, '이/가'나 '을/를'과 같은 조사는 앞말에 붙여 쓰도록 하고 있다. 라)의 '라고'는 직접 인용되었다는 것을 나타내는 조사로 앞말에 붙여 써야 하고, 마)의 '떠난지'는 '떠난 지'로 띄어 써야 한다. '지'가 어떤 일이 일어났던 때부터 지금까지의 동안을 나타내는 단어이기 때문이다.

어문규범의 전체적인 내용을 완벽히 이해하고 글을 쓰기란 쉽지 않다. 다행히 한글 작성 프로그램이나 온라인에서 제공되는 '맞춤법 검사기'를 활용하면, 상당한 도움을 받을 수 있다. 맞춤법 검사기는 어문규범에 어긋나는 부분을 찾아 줄 뿐만 아니라, 바른 표기의 예를 제시해 주며, 해당 규범에 대한 간략한 설명도 제공한다. 글을 쓴 뒤에 한 번씩 점검해 보는 습관을 길러 보자.

2 단락

❶ 단락의 개념

단락이란 글을 구성하는 하나의 단위이다. 글은 여러 개의 문장으로 구성되는데, 이때 하나의 생각을 담고 있는 연속된 문장을 모아 단락으로 묶을 수 있다. 단락을 구성하는 문장들은 통일된 생각을 담아야 한다. 단락에서 말하고자 하는 통일된 내용을 중심 생각이라고 하며, 중심 생각을 표현한 문장을 소주제문이라고 한다.

이러한 단락이 여러 개 모여 한 편의 글이 된다. 즉 단락은 하나의 이야기를 구성하는 더 작은 이야기이며, 글의 논리적인 흐름을 보여주는 단위라고 할 수 있다. 글을 쓰는 사람뿐만 아니라 읽는 사람의 관점에서도 단락의 구분은 매우 중요하다. 한 단락이 끝나면 줄 바꾸기를 하고, 들여쓰기를 해서 새로운 단락의 시작을 표시해 주어야 한다.

✍ 단락의 기본 요건

① 통일성: 한 단락은 하나의 생각을 담아야 한다.
② 긴밀성: 한 단락 안의 문장들은 논리적으로 긴밀히 연결되어야 한다.
③ 완결성: 한 단락은 하나의 핵심문장의 내용을 완결지어야 한다.

❷ 단락의 구성

한 단락은 소주제문과 뒷받침 문장으로 구성된다. 단락의 구조는 소주제문의 위치에 따라, 두괄식, 미괄식, 양괄식, 중괄식, 무괄식으로 나뉜다. 이 중 대학생의 글쓰기 상황에 유용하게 사용되는 구조는 두괄식과 미괄식이다.

두괄식은 소주제문이 단락의 앞부분에 제시되는 방식이다. 독자의 관심을 집중시키고, 독자가 글 전체의 내용을 빠르게 파악할 수 있게 해 준다. 핵심 내용을 한눈에 파악할 수 있어야 하는 기획서나 보고서에 어울리는 방식이다. 미괄식은 소주제문이 단락의 끝부분에 제시되는 방식이다. 말하고자 하는 중심 생각에 도달하기까지 독자의 궁금증과 흥미를 지속시킬 수 있다는 것이 장점이다. 어려운 내용을 순차적으로 설명하는 글이나, 독자를 설득해야 하는 글에 적합하다.

양괄식은 글의 앞부분과 뒷부분에 소주제문을 반복하여 쓰는 방식이다. 단락의 내용을 강조하여 전달하고자 할 때 사용하면 좋다. 그러나 내용이 반복되어 글이 지루하고 성의 없어 보일 수 있다. 강조할 필요가 있을 때에 한정적으로 사용해야 하며, 앞뒤 문장의 표현을 조금 달리하는 것이 좋다. 중괄식은 소주제문이 단락의 중간에 배치되는 방식을 말하고, 무괄식은 소주제문이 없는 방식을 말한다. 두괄식과 미괄식 구성의 반복으로 인해 발생할 수 있는 단조로움을 극복하기에 적합하다. 그러나 글쓰기에 능숙하지 않으면 전달 효과가 떨어질 수 있어 사용에 유의해야 한다.

학습 활동 2

글쓰기의 과정

1 계획하기

글쓰기는 일련의 단계에 따라 이루어진다. 그 단계는 계획하기, 작성하기, 수정하기, 완성하기이다. 가장 먼저 이루어지는 계획하기 단계 안에서는 다음의 것들을 고민해야 한다. 우선 '무엇'에 대해 쓸 것인지 구체적으로 고민한다. 이는 글의 주제와 글감을 의미한다. 동시에 글의 목적과 예상독자를 정한다. 주제의 선정은 글쓴이가 주어진 화제에 대해 다양한 글감을 떠올려보고 그 글감들을 구체화하는 가운데 이루어진다. 이후 주제가 정해지면 주제에 맞추어 더욱 심화된 글감들을 모으도록 한다.

❶ 글감과 주제 정하기

글쓰기에서 가장 중요한 것은 바로 글의 주제이다. 글의 주제는 다양한 글감들 안에서 선택할 수 있다. 예를 들어 '현대 사회의 인권 문제'라는 화제가 주어지고 분량은 약 2,000자라고 정해진다면 글쓴이는 주어진 화제에 대해 매우 다양한 글감들을 떠올릴 수 있다. 이때 2,000자 분량을 고려하여 글감의 범위를 좁히고 이를 심화하여 구체적인 주제를 만들어야 한다. '현대 사회의 인권 문제'와 관련하여 떠올릴 수 있는 글감으로는 노동자 인권, 장애인 인권, 학생 인권, 여성 인권, 외국인 노동자 인권, 노인 인권 등이 있다. 여기서 더 나아가 각 집단 안에서 발생하는 인권 문제를 다양하게 떠올릴 수 있다. 글쓴이가 학생 인권에 관해 쓰기로 했다면 학생 인권과 관련하여 어떠한 구체적인 문제를 제기할 것인지, 또 그에 대한 어떠한 해답을 제시할 것인지 대강 결정해야 한다. 여기서 문제와 해답은 글쓴이의 문제의식에서 나오며 글쓴이의 문제의식은 계속 다듬어져 최종적으로 글의 중심 문장을 구성한다.

학습 활동 3 ▶

❷ 개요 작성하기

글을 작성하기 전에 반드시 개요문을 미리 작성해두어야 한다. 글감을 모으고 주제를 정하고 주제에 따라 심화된 글감들을 모았다면 모아 놓은 글감을 전략적으로 배치하여 미리 계획을 세워야 한다. 개요문은 글쓴이가 글을 작성하기 전에 미리 써두는 계획서로서 글쓴이가 글을 쓰는 과정에서 처음 계획한 주제와 주제 의식에 따라 일관된 흐름으로 작성할 수 있게 해주며 각 단락의 내용이 균형감을 잃지 않도록 해 준다.

학습 활동 4 ▶

2 작성하기

글은 서론, 본론, 결론으로 구성된다. 서론은 단순한 흥미 유발이나 관심 끌기를 하는 역할에 한정되지 않으며 본론에서 나올 내용을 독자가 먼저 예상할 수 있도록 해야 한다. 본론 내용의 범위와 한계, 깊이 등을 고려하여 서론이 본론과 잘 연결되도록, 본론에서 다루어야 할 문제의 범위와 방향을 잘 제시해야 한다. 본론은 글에서 가장 핵심적인 부분이며 글쓴이의 주제 의식을 바탕으로 글의 주제가 구체적으로 서술되는 곳으로서 글의 주제에 대한 글쓴이의 심화된 생각이 녹여져 있다. 이때 글쓴이의 주제 의식이 뒷받침될 수 있는 적절한 자료의 인용이 이루어지며 글의 목적에 따라 정의, 예시, 설명, 논증, 비교, 대조 등의 서술 방식이 활용되기도 한다. 결론에서는 앞에서 다루어진 내용을 요약·정리하여 제시한다. 경우에 따라 중심 문장을 다시 제시함으로써 주제를 환기하기도 한다. 앞의 내용을 요약해 제시할 때는 본론에서 쓰지 않았던 표현들을 통해 전달하여 독자의 이해를 돕는 동시에 머릿속에 각인시키도록 한다. 글을 마무리하기가 어렵다면 글의 중심 생각이 명확하지 않은 것이므로 이 점에 대해 다시 고민해 보도록 한다.

학습 활동 5 ▶

3 인용하기와 주석 달기

머릿속에 떠오르는 생각과 알고 있는 지식만으로 글을 써서는 안 된다. 글의 주제와 관련한 자료를 찾아서 읽어보고 분석한 후 글에 인용해야 한다. 적절한 자료를 인용함으로써 글의 내용이 깊고 풍부하게 만들어질 수 있으며 글쓴이의 의견이 근거 자료의 뒷받침을 통해 설득력을 얻게 된다.

❶ 직접 인용과 간접 인용

인용하는 방식에는 직접 인용과 간접 인용이 있다. 직접 인용은 원문 그대로를 인용하는 방식으로 해당 대목에 큰따옴표(" ")로 묶어 드러내며 석 줄 이상의 긴 부분을 인용할 때에는 독립된 문단으로 구성한다. 간접 인용은 글쓴이가 원문의 내용을 자신의 언어로 바꾸어 표현하는 방식으로 자신의 언어로 바꾸되 원문의 내용을 왜곡해서는 안 된다.

[원문]

휴머노이드 로봇이 지향하는 바는 실재 인간을 닮은 로봇이다. 실재 인간을 닮은 로봇이 인간과 거의 유사한 표정, 대화, 제스처 등의 인간다움을 표현할 수 있는 인터렉션을 통해 정보를 교환할 때 보다 원활한 소통이 이루어지기 때문이다. 로봇 제작에 있어 인간다움을 목표로 설정하고 심혈을 기울이는 이유는 인간이 인간다운 것에 끌리는 속성 때문이다.

이러한 로봇 제작 과정에서 여전히 문제되고 있는 것은 인간다운 로봇 디자인의 어느 한 지점이다. 어느 한 지점, 즉 인간과 유사하지만 인간의 표정과 동작으로 설명될 수 없는 어느 상태에 이르면 혐오하고 회피하는 현상이 나타나는데 이 지점을 일본의 로봇 연구가 마사히로 모리(Masahiro Mori)가 '언캐니 밸리(Uncanny Valley)'라고 명명하였다. 친숙함과 인간의 선호도 사이의 차이점에 대해 의문이 생기게 하는 언캐니 현상에 대해서는 그동안 미(美)적 가치로서의 역할에 대해서 많은 논의가 있어왔다. 언캐니 이론을 가장 먼저 정립시킨 프로이트에 의하면 친숙하지 않은 낯섦과 두려움은 친숙함과 동전의 양면성으로 삶과 죽음의 모습 사이에 존재한다. 가령

유령, 인형, 좀비, 의수, 시신 등이다.

김지현 · 김재경, 「휴머노이드 로봇의 언캐니(Uncanny) 이미지 연구」

직접 인용을 한 경우
휴머노이드 로봇의 디자인은 인간과의 유사함을 지향한다. 김지현 · 김재경에 따르면, "인간이 인간다운 것에 끌리는 속성 때문"인 것으로 볼 수 있다. 그러나 완벽히 구현될 수 없기에 그러한 유사성은 인간에게 양가적인 감정을 불러 일으키기도 한다.

간접 인용을 한 경우
휴머노이드 로봇의 디자인은 인간과의 유사함을 지향한다. 그러나 완벽히 구현될 수 없기에 그러한 유사성은 인간에게 양가적인 감정을 불러 일으키기도 한다. 김지현 · 김재경의 논의에서는 인간이 로봇에게 느끼는 낯설고 두려운 감정의 표상으로서 로봇이 지닌 유령, 인형 좀비, 의수, 시신 등의 이미지를 예시로 들고 있다.

학습 활동 6

❷ 주석 달기

직접 인용을 하든 간접 인용을 하든 반드시 출처를 밝혀야 한다. 이때 주석을 통해 인용의 출처를 밝힌다. 본문에 넣을 수 없지만 독자의 이해를 돕기 위해 보충 설명이 필요한 경우에도 주석란을 활용한다. 각주는 본문 안에 포함되거나 본문 아래에 들어가는 주석이고, 미주는 본문과 분리되어 글의 맨 뒤에 들어가는 주석이다. 각주는 외각주와 내각주로 나뉜다. 외각주는 본문 하단에 별도의 공간을 마련하여 인용한 문헌의 서지사항을 밝히는 방식이고, 내각주는 본문 안에 괄호를 넣어 괄호 안에 글의 간행연도 및 인용 쪽수를 밝힌다. 외각

주와 내각주를 본문에 다는 경우 참고문헌 목록에서 서지사항 전체를 밝히도록
한다.

① 외각주

단행본일 경우 저자명, 책 제목, 출판 연도, 인용 쪽수의 순서로 출처를 밝힌
다. 번역서일 경우에는 저자명과 번역자명을 함께 써준다. 책 제목은 겹낫표(『 』)
로 처리하여 표시한다. 학위 논문의 경우, 인용 방법이 단행본의 경우와 같은데,
학위 논문의 제목은 반드시 큰따옴표(" ")나 홑낫표(「 」)로 처리하여 표시한다. 저
자가 2인이나 3인인 경우 이름 사이에 가운뎃점(·)을 찍고 4인 이상인 경우 '대
표저자명 외'로 저자명을 밝힌다.

- **단행본**

  신동흔, 『신화, 치유, 인간』, 아카넷, 2023, 53쪽.

- **번역서**

  유발 하라리, 조현욱 역, 『사피엔스』, 김영사, 2020, 190쪽.

---

② 내각주

내각주는 본문에 주석이 들어가는 형식으로 저자·발행 연도·인용 쪽수만
을 간단히 제시하고 나머지 서지정보는 참고문헌 목록에서 제시한다.

인도 신화에서 세상의 본바탕을 상징하는 삼주신(三主神)은 브라흐마Brahma와 비
슈누Vishunu와 시바Shiva다. 각각 창조의 신과 유지의 신, 파괴의 신으로 말해지는
신들이다.(신동흔 2023, 39)

신동흔(2023)에서는 인도 신화의 삼주신(三主神)은 창조의 신인 브라흐마Brahma,
유지의 신인 비슈누Vishunu, 파괴의 신인 시바Shiva라고 소개한다.

---

③ 약식주석

완전 주석은 서지사항 전체를 쓴다. 한번 거론된 책이나 논문을 다시 인용하고 주석을 달 때에는 약식주석을 사용한다. 바로 위의 주석에서 서지사항 전체를 소개한 문헌을 바로 이어 인용하면서 인용면만 달리하는 경우 '위의 책(글), 쪽수'를 밝힌다. 이와 달리 바로 앞에서가 아니라 앞의 어디에선가 인용했던 문헌을 다시 인용하는 경우 '저자명, 앞의 책(글), 쪽수'를 밝힌다.

---

1) 신동흔, 『신화, 치유, 인간』, 아카넷, 2023, 53쪽.
2) 송효섭, 『탈신화 시대의 신화들』, 기파랑, 2005, 11쪽.
3) 위의 책, 45쪽.
4) 오세정, 『설화와 상상력』, 제이앤씨, 2008, 78쪽.
5) 신동흔, 앞의 책, 100쪽.

---

④ 참고문헌 정리하기

글의 가장 마지막 면에는 글을 작성할 때 참고했던 문헌의 목록을 정리한다. 인용한 문헌은 물론이고 인용하지 않았더라도 글을 작성할 때 읽고 참고하며 도움을 받았던 문헌들을 모두 기재한다. 기본자료, 국내서적, 국외서적 등으로 분류하여 작성하며 논문과 단행본으로 나누기도 한다. 참고문헌은 일반적으로 저자의 성을 기준으로 가나다순으로 배열하며 국외문헌의 경우 저자의 성을 기준으로 알파벳 순으로 배열한다.

학습 활동 7 ▶

4 수정하기

초고를 작성한 후 반드시 글을 수정하는 시간을 가져야 한다. 글을 완성해서 제출해야 하는 기한이 정해져 있다면 글을 수정할 시간을 고려하여 미리 초고를 작성하고 찬찬히 시간을 들여 수정을 해야 한다. 글을 수정할 때에는 글의 구성에서부터 단어의 표현에 이르기까지 전반적으로 그리고 세밀하게 살펴야 한다.

글의 구조는 글의 논리와 관련이 깊다. 우선 글의 굵직한 뼈대가 되는 서론, 본론, 결론이 있고 각각 제 역할을 하고 있는지 살핀다. 이후 글의 주제가 명확한지 하나인지 확인한다. 또한 각 단락의 내용이 서로 잘 연결되고 있는지, 중복되거나 상충하고 있지 않은지 확인한다. 맞춤법과 띄어쓰기를 잘 지켰는지 어휘의 표현이 적절한지도 검토한다. 마지막으로 글에 인용한 자료가 글의 내용을 잘 뒷받침하는 적절한 자료인지 살피고 자료의 출처도 명확히 밝히고 있는지 확인해야 한다.

다음의 체크리스트를 통해 자신의 글을 수정해 볼 수 있다. 체크리스트의 항목들은 달리 말해 한 편의 글을 작성할 때 글쓴이가 반드시 염두에 두어야 할 요소들이기도 하다. 다음의 체크리스트를 살펴보면서 글을 잘 쓰기 위해 고민해야 할 점들을 상기해 보자.

📝 **체크리스트**

항목	질문	O/X
구조	서론, 본론, 결론으로 구성되어 있는가	
	서론, 본론, 결론이 각각 제 역할을 하고 있는가	
주제	글의 주제가 명확한가	
	글의 주제가 하나인가	
단락	단락이 서로 잘 연결되어 있는가	
	단락의 내용이 중복되거나 상충하지 않는가	
표현	비문법적인 문장은 없는가	
	단어의 표현이 적절한가	
자료	적절한 자료를 인용하였는가	
	자료의 출처를 명확히 밝혔는가	

서술의 여러 방법

대학에서 써야 하는 글은 자신이 배운 학술적 개념, 지식을 설명하거나, 자신의 주장이나 가설을 논증하는 유형의 글이 대부분이다. 이러한 유형의 글쓰기를 원활히 수행하기 위해서는 먼저 여러 서술 방법을 익혀 목적에 맞게 자유롭게 활용할 수 있어야 한다.

1 정의와 예시

대학에서의 글쓰기는 여러 학술적 개념들을 학습하고, 이를 바탕으로 새로운 지식을 창출하는 행위라 할 수 있다. 이를 위해 자신의 글에 사용하려는 개념이나 대상을 명확히 규정하는 '정의(定義)'나, 관련된 구체적인 예를 들어주는 '예시(例示)' 모두 학술적 글쓰기에서 유용하게 활용할 수 있는 방법이다.

먼저 '정의'는 자신이 사용하는 개념이나 어휘를 다른 어휘를 통해 규정짓고 그 의미를 한정하는 것을 말한다. 한 예로 『표준 국어대사전』에 나와 있는 '민주주의'에 대한 정의를 살펴보자.

> 민주주의(피정의항): 국민이 권력을 가지고 그 권력을 스스로 행사하는 제도. 또는 그런 정치를 지향하는 사상. 기본적 인권, 자유권, 평등권, 다수결의 원리, 법치주의 따위를 그 기본 원리로 한다.(정의항)

정의가 필요한 어휘를 '피정의항', 다른 어휘를 동원해 그 어휘의 의미를 규정짓는 부분을 '정의항'이라 한다. 사전에는 다양한 어휘에 대한 정의가 집약되어 있는데, 이러한 사전의 정의 방식을 유심히 살펴보면, 정의를 할 때 주의해야 할 여러 사항을 알 수 있다. 적절한 정의를 위해서는 동어반복을 피해야 하고, 정의항에서는 피정의항보다 더 쉽고 명료한 어휘를 사용해야 한다. 학술적인 글은 정확성과 객관성을 요하는 글인 만큼, 생소한 어휘나 중의적인 의미로 읽힐 수 있는 어휘는 자신의 글에서 먼저 명확히 정의해 주는 것이 필요하다.

이러한 '정의'의 방법과 함께 자신이 학습한 새로운 용어나 낯선 개념에 대해 구체적이고 세부적인 '예시'를 독자에게 제시하는 것도 그 개념을 설명하는 데 효과적인 방법이 될 수 있다. '메타버스(metaverse)'에 관한 다음의 글은 '정의'와 '예시'의 방법이 구체적으로 어떻게 사용될 수 있는지를 잘 보여준다.

'메타버스'는 미국의 과학소설 작가 닐 스티븐슨이 1992년 〈스노 크래시〉에서 '아바타'와 함께 처음 사용한 말인데, 최근 널리 쓰이고 있다. 초월을 의미하는 '메타'와 우주를 뜻하는 '유니버스'를 합성해 만든 '메타버스'(metaverse)는 가상세계를 말한다. 대표 서비스로 게임플랫폼인 로블록스 · 포트나이트 · 동물의숲, 소셜미디어인 제페토 · 호라이즌 등이 꼽힌다. 날 때부터 가상세계를 경험한 10대와 20대 초반이 주 이용자층이다.

로블록스는 누구나 게임을 개발해 올려놓고 판매할 수 있으며 가상화폐로 거래가 이뤄지는 플랫폼이다. 현재 5,000만 개 넘는 게임이 올라 있어 게임계의 유튜브로 불린다. 로블록스는 이용자와 매출액이 늘어나면서 지난 3월 뉴욕증시에 상장한 이후 주가가 100% 넘게 치솟아 시가총액이 580억 달러(64조 원)에 이른다. 지난 1분기 하루 이용자가 4,330만 명인데, 절반가량이 초등학생인 '초딩 놀이터'다. 네이버 제트의 제페토 가입자 2억 명 중 90%가 국외 이용자인데, 80%가 10대다. 코로나 19로 학교와 놀이터에 못 가고 가상세계에서의 만남과 활동으로 바꾼 세대다.

2003년 등장한 린든랩의 '세컨드 라이프'는 초창기 메타버스 서비스다. 사이버상에서 3차원 가상현실을 제공해, 개인이나 기업이 영토를 구입하거나 건물을 짓고 아바타를 이용해 각종 게임이나 판매, 홍보를 할 수 있게 한 서비스였지만 성공하지 못했다. 스마트폰과 소셜미디어가 아바타 기반 시뮬레이션에 대한 관심을 대체했다.

메타버스는 인공 지능, 블록체인과 함께 정보기술의 미래로 주목받는다. 엔비디아 창업자 젠슨 황은 최근 "메타버스에서 설계 · 디자인하는 제품이 유니버스(현실세계)의 제품보다 많아지는 시대가 올 것"이라고 말했다. 모든 게 연결되고 디지털화함에 따라 점점 더 가상이 현실을 대체할 것이라는 기대. 가상기술의 발달, 비대면의 일상화, 엠제트(MZ) 세대의 콘텐츠 이용 습관, 증가하는 글로벌 유동성 등이 전망의 배경이다.

메타버스는 인터넷에서 무한성과 유한성의 관계를 호출한다. 메타버스는 무한의 가상공간과 서비스를 만들어내지만, 사람의 주의 자원은 유한하다. 선택 대상이 무한해도 하루는 여전히 24시간이다.

－구본권, 「메타버스의 유한성과 무한성」, 『한겨레』, 2021. 6. 10.

위의 예문에서 필자는 '메타버스'라는 새로운 용어를 정의하기 위해 용어의 어원을 밝히고, 〈로블록스〉(Roblox)나 〈세컨드 라이프〉(Second Life)와 같은 구체적 예시를 들어 메타버스 플랫폼에 대한 이해를 함께 제공하고 있다.

'정의'와 '예시'는 위의 예문에서처럼 새로운 기술 개념이나 용어를 이해하는 데 유용하지만, 우리가 일상생활에서 흔히 쓰는 어휘의 의미가 역사적 시기에 따라 어떻게 변화했는지를 살펴보는 데에도 효과적이다. 아래의 예문은 노동자들이 다양하게 정의되어 온 역사를 다양한 예시를 통해 잘 보여주고 있다.

산업화 초기에 공장노동자들은 노동자, 공장노동자, 공원, 근로자 등 다양한 이름으로 불렸다. 점차 공장노동자 수들이 늘어남에 따라 정부와 경영진 측은 '근로자'를 산업노동자를 지칭하기 위한 일종의 공식 용어로 보급했다. 예컨대, 노동절(May Day)을 '노동자의 날' 대신 '근로자의 날'로 부르도록 했다. 그러나 근로자라는 말은 육체노동자, 비육체노동자, 기술자 등 모든 종류의 피고용자를 지칭하는 대단히 폭넓은 용어였다. 그와 달리 '노동자'는 구체적으로 공장노동자 혹은 육체노동자를 가리켰지만, 그 대신 부정적인 신분적 함의를 지녔다. 이처럼 1970년대 말 노동계급 정체성이 발달하기 시작할 때까지도 한국의 공장노동자들은 자신들의 집단적인 정체성을 정의할 적절한 용어를 갖지 못했다. '근로자'는 작위적이고 모호하기 때문에 만족스럽지 못했고, '노동자'는 육체노동자와 관련된 열등한 신분 이미지를 연상시키기 때문에 대부분의 노동자들이 싫어했다.

흥미롭게도, 긍정적인 산업노동자의 이미지를 나타내는 새로운 언어를 만드는 것은 국가였다. 1960년대 말부터 산업 전사, 산업의 역군, 수출의 역군, 수출의 기수 같은 새로운 단어들이 산업 용어로 등장했다. 분명히 이 용어들은 민족주의적 이데올로기를 이용하여 수출증진을 위해 노동자들을 동원하려고 만들어졌다. 이 새로운 단어들은 민족주의를 발전주의 및 군대식 수사와 결합했고, 산업노동자를 국방을 위해서 싸우는 군인들과 동일시했다. 수출 촉진을 위해 헌신적으로 일하는 것은 노동자들만이 할 수 있는 애국적인 행위라고 칭송했다. 정부와 언론뿐 아니라, 주로 비꼬기 위해서긴 했지만, 노동자들 스스로도 이 용어들을 자주 사용하였다.

－구해근, 『한국 노동계급의 형성』, 신광영 역, 창비, 2002, 206~207쪽.

노동자를 지칭하는 용어를 설명하는 위의 글이 잘 보여주듯, 하나의 어휘에도 많은 의미와 미묘한 뉘앙스가 겹쳐 있다. 대학에서 쓰는 글 역시 위의 예문과 유사하게 특정 개념을 정밀하게 다뤄야 하는 경우가 많으므로, '정의'와 '예시'를 통해 자신의 서술하려는 개념의 의미와 범위를 정확하게 규정할 필요가 있다.

학습 활동 8

2 비교와 대조

'비교'는 유사성에, '대조'는 차이점에 초점을 두고 설명하는 방법을 말한다. 두 대상의 특성을 함께 견주어 설명할 때 유용한 방법으로, 비교와 대조는 더 넓은 의미의 '비교'로 통칭할 수 있다. 학술적인 글을 쓸 때는 일정한 목적에 따라 두 대상을 비교, 대조하는 경우가 빈번한데, 이때 주의할 것은 두 대상이 비교 가능한 범주에 속하거나 일정한 관련성이 있어야 한다는 점이다. 한 예로 연극과 영화를 비교한다고 할 때, 모두 예술이라는 상위 범주에 공통적으로 속하므로 의미 있는 비교가 가능하다. 하지만 연극과 축구, 영화나 농구처럼 일정한 접점이 없는 경우는 대체로 무의미한 비교에 그칠 것이다.

다음의 예문은 말하기와 글쓰기의 차이에 대해 설명한 글이다. 의사소통의 측면에서 말하기와 글쓰기는 유사한 것 같지만, 또 한편으로는 많은 차이를 지닌 것이 사실이다.

　　그러나 "미디어는 메시지이다"라는 마셜 매클루언의 말처럼 말과 글은 그 자체로 다른 문화와 관습을 만들어낸다. 이 둘은 언어표현에서 차이가 있을 뿐 아니라 생각과 사고방식에도 차이가 존재한다. 예를 들어 말하기는 언어 자체에 초점을 두기보다 상황적 맥락과 상호 공감에 의존하는 경우가 많다. 주어는 생략되고 단어 몇 개로 문장을 이어가는 경우가 많으며 완전한 문장을 잘 사용하지 않는다. 단어의 뜻도 분명하지 않은 경우가 많다. "그래~", "아, 어~" 해도 의미가 통하는 것은 말하기를 둘러싼 환경적 맥락이 존재하기 때문이다. 그래서 독자와 직접 소통할 수 없는 글쓰기와는 거리가 있다. 글은 독자와 직접 소통할 수 없기에 표현은 정확해야 하고 의미는 논리적이며 타당해야 한다. 글쓰기가 말하기보다 예민하고 까다로운 것은 이와 연관이 있다.

－정희모, 「말하듯 써라」, 『세계일보』, 2021. 2. 25. (일부)

　　이러한 대상 간 비교와 대조의 방법은 특히 학술적인 글에서 많이 사용되는데, 이를 어떠한 방식으로 구성할 것인가도 중요하게 생각해볼 문제이다. 한 예로 내연기관 자동차와 전기 자동차를 비교하는 보고서를 쓴다고 가정할 때, 보고서는 다음과 같이 두 가지 방식으로 구성할 수 있다.

내연기관 자동차와 전기 자동차

〈분리 방식〉

1. 서론

2. 내연기관 자동차

   (1) 기술적 특성

   (2) 산업실태와 발전 가능성

   (3) 환경 영향

3. 전기 자동차

   (1) 기술적 특성

   (2) 산업실태와 발전 가능성

   (3) 환경 영향

4. 결론

〈교차 방식〉

1. 서론

2. 기술적 특성

   (1) 내연기관 자동차

   (2) 전기 자동차

3. 산업실태와 발전 가능성

   (1) 내연기관 자동차

  (2) 전기 자동차

4. 환경 영향

   (1) 내연기관 자동차

   (2) 전기 자동차

5. 결론

앞의 예에서 보듯, 비교/대조를 서술할 때는 각각 두 대상을 분리하여 서술하는 방식과 교차해서 서술하는 방식이 있는데, 분리 방식은 교차 방식에 비해 유기적인 비교가 어려울 뿐만 아니라, 대상에 대한 각각의 설명문이 될 위험성도 존재한다. 따라서 특정 기준을 중심으로 두 대상을 교차해서 비교하는 편이 좀더 유기적인 비교가 가능할 것이다.

학습 활동 9 ▶

3 묘사와 서사

묘사와 서사는 독자들에게 생생한 설명을 하는 데 유용한 방법이다. 두 서술 방법은 시나 소설에 주로 쓰이는 것으로 생각할 수 있지만, 글의 장르와는 상관없이 학술적 글쓰기에도 유용하게 쓸 수 있다.

먼저 묘사는 언어를 통해 생생한 감각적 이미지(시각, 청각, 후각, 촉각, 미각)를 불러일으켜 대상을 구체적이고 생생하게 보여주는 데 효과적인 기술이다. 대상에 대한 묘사는 자세하고 구체적일수록 더 생동감을 갖추게 된다. DMZ의 철새의 생태를 보도한 다음 기사는 묘사를 통해 DMZ 접경에 있는 철새 도래지의 이미지를 생생하게 제공하고 있다.

1월의 마지막 날인 31일 오후, 비무장지대(DMZ) 접경지역으로 국내 대표적 겨울 철새 도래지인 강원도 철원군 양지리 들녘엔 적막감이 감돌았습니다. 예년 같으면 두루미와 재두루미, 고니, 큰기러기 등 멸종위기종 철새로 시끌벅적했을 한탄강 두루미 탐조대에는 '코로나19 확산 방지를 위해 2020년 11월16일부터 운영을 중단한다.'라는 펼침막이 내걸렸고, 이길리 한탄강변엔 두꺼운 얼음이 꽁꽁 얼었습니다. 천연기념물 제243-1호 독수리의 월동지인 토교저수지 둑에는 조류인플루엔자(AI) 방역 차량이 하얀 가루를 내뿜으며 소독약을 뿌립니다. 경기도 일산에서 온 한 관광객은 "조류독감 방제한다고 철새 서식지에 마구 소독약을 뿌려대면 새들은 어디로

가서 어떻게 살아남겠냐. 새들을 내쫓기보다 농가에서 더 철저히 관리하면 되지 않을까"라며 한숨을 내쉬었습니다.

1월의 마지막 날인 31일 오후, 비무장지대(DMZ) 접경지역으로 국내 대표적 겨울철새 도래지인 강원도 철원군 양지리 들녘엔 적막감이 감돌았습니다. 예년 같으면 두루미와 재두루미, 고니, 큰기러기 등 멸종위기종 철새로 시끌벅적했을 한탄강 두루미 탐조대에는 '코로나19 확산 방지를 위해 2020년 11월16일부터 운영을 중단한다.'라는 펼침막이 내걸렸고, 이길리 한탄강변엔 두꺼운 얼음이 꽁꽁 얼었습니다. 천연기념물 제243-1호 독수리의 월동지인 토교저수지 둑에는 조류인플루엔자(AI) 방역 차량이 하얀 가루를 내뿜으며 소독약을 뿌립니다. 경기도 일산에서 온 한 관광객은 "조류독감 방제한다고 철새 서식지에 마구 소독약을 뿌려대면 새들은 어디로 가서 어떻게 살아남겠냐. 새들을 내쫓기보다 농가에서 더 철저히 관리하면 되지 않을까"라며 한숨을 내쉬었습니다.

민간인출입통제구역(민통선) 밖의 또 다른 철새 도래지인 대마리에도 두루미와 재두루미가 가족 단위로 서너 마리씩 드문드문 보일 뿐 비슷한 풍경이었습니다. 문득 하늘을 보니 두루미 한 가족이 남쪽 휴전선 감시초소(GP)를 지나 북녘을 향해 날기 시작했습니다. 사람들은 남과 북, 경기도와 강원도, 연천과 철원 등 틈만 나면 편 가르기를 하려 하지만 두루미에게는 풍부한 먹이터와 안전한 휴식터, 잠자리보다 중요한 게 없을 것입니다.

-「DMZ 두루미는 목놓아 웁니다」, 『한겨레21』1350호, 2021. 11.

서사는 대상(인물, 사건)의 변화를 시간의 흐름에 따라 기술하는 방법을 말한다. 이러한 방법은 자신의 경험을 타인에게 설명할 때처럼 우리의 일상생활에서도 광범위하게 사용되고 있다. 이러한 서사의 방법은 주로 소설, 드라마, 영화에서 주로 사용되지만, 학술적인 글에서도 역사적 사건의 추이를 설명한다거나, 특정 인물의 생애를 설명할 때 유용하게 쓸 수 있다.

김창열 선생님은 한국의 현대미술이 처음 세계적인 무대로 나아가던 시기를 대표하는 작가다. 1960년대 전반에 걸쳐 친구인 박서보, 윤형근, 하종현, 정상화 작가와 더불어 비정형이라는 의미의 '앵포르멜'(informel) 운동을 통해 한국 화단의 주류를 이뤘다. 그러나 선생님은 이 시기에 훌브라이트 프로그램을 통해 훌쩍 미국으로 떠났다. 1965년 상파울루 비엔날레에 참가한 뒤 록펠러재단 장학금으로 1966년부터 3년간 뉴욕의 아트 스튜던트 리그에서 판화를 공부했다. 1969년 백남준의 도움으로 파리 아방가르드 페스티벌에 참가한 것을 계기로 귀국 대신 현지에 정착했다. 그때 파리 근교의 마구간에서 지내며 작업하다 '물방울 그림'의 영감을 얻었다는 이야기는 이미 널리 알려져 있다. 파리에서 해마다 5월 열리는 전위미술 전시회인 '살롱 드 메'에 1972년 출품한 첫 번째 물방울 작품 '이벤트 오브 나이트'로 국제 화단에 성공적으로 데뷔할 수 있었다. 또 1970년 마구간 시절 부인 마르틴느 질롱을 만난 이후 2019년 귀국해 서울 평창동에 둥지를 틀 때까지 50여 년 동안 한국과 프랑스의 문화 가교 노릇을 했다.

–유진상, 「"물방울 하나로 '완전한 원' 이룬 예술가의 삶이었습니다"」, 『한겨레』,
2021. 1. 12.

학습 활동 10

4 논증

논증(論證)은 자신의 주장이나 견해를 논리적으로 증명하기 위해 설득력 있는 근거를 제시하는 과정을 의미한다. 논증은 타인을 설득하기 위해 우리가 광범위하게 사용하고 있는 기술로, 일상의 사소한 문제뿐만 아니라 사회적 갈등이나 대립처럼 공공의 문제를 해결하는 효과적인 수단이 되기도 한다. 지성을 갖춘 교양인이라면 이를 효과적으로 사용하여 자신의 주장을 합리적으로 내세울 수 있어야 한다.

❶ 논증의 구조와 요소

논증은 기본적으로 어떤 문제에 대해 자신의 '주장'을 내세우고, 이를 이유와 근거를 통해 뒷받침하는 구조로 되어 있다. '주장+이유+근거'가 논증의 기본 요소가 되며, 그 외부에는 '반론 수용과 반박', '전제'라는 요소가 자리한다. 이러한 논증의 구조[1]를 그려보면 다음과 같다. 세부적인 요소를 함께 살펴보자.

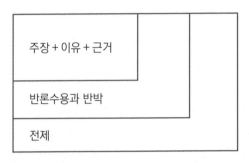

✎ 주장+이유+근거

주장(명제)은 전체 논증이 다루는 문제에 대한 자신의 해법을 진술하는 문장이다. 그리고 이러한 주장은 반드시 이유와 근거를 통해 뒷받침되어야 한다. 이유는 주장을 설명하거나 정당화하는 모든 진술을 의미하며, 근거는 주장과 이유를 뒷받침하는 객관적 사실이나 데이터를 말한다. 주장, 이유가 글쓴이의 생각에 의해 도출되는 것이라면, 근거는 글쓴이의 생각을 뒷받침할 수 있는 외부의 데이터나 객관적인 사실이다.

주장: 전동킥보드의 규제를 다시 강화해야 한다.

이유: 왜냐하면 전동킥보드 규제를 완화한 이후부터 사고가 증가하고 있기 때문이다.

근거: 경찰청 통계에 따르면 2020년 12월부터 50일간의 사고율이 지난해 같은 기간보다 57.6% 증가했다고 한다.

---

1 조셉 윌리엄스의 논증 모형을 일부 변형한 것. 조셉 윌리엄스 외, 윤영삼 역, 『논증의 탄생』, 크레센도, 2021.

✎ 반론 수용과 반박(논박)

모든 주장은 반박의 여지를 가지고 있으므로, 효과적인 논증을 위해서는 제기될 수 있는 반론을 예상하고, 이에 대해 미리 반박하는 것도 중요하다. 이를 논박이라고 하며, 전제 또는 논리적 근거의 오류를 공격하는 방식으로 이루어진다.

✎ 전제

전제는 논증이 성립하는 바탕이 된다. 누구나 동의할 수 있는 보편적인 전제일수록 주장은 더 논리적 설득력을 지닐 수 있다. 또한 전제는 명확하고 이해하기 쉬워야 할 뿐만 아니라, 주장과 직접적인 관련이 있는 것이어야 한다. 특히 전제는 검증 가능한 것이어야 하며, 객관적 사실이나 이미 인정받는 이론에 근거해야 할 필요가 있다.

학습 활동 11 ▶

❷ 논증적 글쓰기

앞서 살펴본 논증 구조를 활용하여 자신의 주장을 논증하는 글을 완성해 보자. 서론에서는 자신이 이러한 주장을 하게 된 배경이나 필요성을 서술하고 본론에서는 주장을 뒷받침하는 여러 이유와 근거들을 서술할 수 있다. 아울러 예상되는 반론을 고려한 적절한 반박이나 전제에 대한 강조도 필요에 따라 적절히 배치해야 한다. 그리고 마지막 결론에서는 대안 및 해결책도 서술할 필요가 있다. 이러한 글의 구조는 다음과 같이 정리해 볼 수 있다.

(서론) – 특정 문제와 그 문제에 대한 주장 – 그 주장을 하게 된 배경	
(본론) – 이유 및 근거 – 예상 반론과 그에 대한 반박 – 전제에 대한 강조	이유1: 근거1:
	이유2: 근거2:
	이유3: 근거3:
(결론) – 대안 또는 해결책 – 자신의 주장과 그 의미를 다시 강조	

학습 활동 12

글쓰기의 실제

Chapter

02

글쓰기의 실제

2.1　성찰적 글쓰기

1　자기 성찰과 글쓰기

　지성인이자 교양인이라면 주체적인 삶의 계획을 수립해야 한다. 이러한 계획의 수립은 먼저 자기 자신을 되돌아보는 성찰에서 출발할 수 있다. 성찰은 현재의 자신을 온전히 파악하고 반성하기 위한 것으로, 미래로 나아가기 위해서는 필수적인 행위라 할 수 있다.

　글쓰기는 자신을 파악하고 성찰을 수행하기 위한 가장 효과적인 방법의 하나다. 가까운 예로 일기를 생각해 볼 수 있다. 일기를 쓰기 위해 가장 먼저 해야 하는 것은 자신에 대한 회고와 반성이다. 이러한 회고는 곧 자신의 감정과 경험을 언어를 통해 객관화하는 한 과정으로, 언어로 표현해 보기 이전에는 자신도 뚜렷이 인식하지 못했던 '나'의 다양한 모습을 발견하는 계기가 될 수 있다.

　물론 이러한 성찰의 글쓰기가 꼭 일기일 이유는 없다. 자신의 삶에서 중요했던 경험이나 사건에 대해 되돌아보고, 차분히 글을 써 보는 것만으로 자신의 삶에 대한 새로운 의미나 방향을 발견할 수 있다.

학습 활동 13

2 자신을 낯설게 보기

거울속에는소리가없소
저렇게까지조용한세상은참없을것이오

거울속에도내게귀가있소
내말을못알아듣는딱한귀가두개나있소

거울속의나는왼손잡이오
내악수를받을줄모르는-악수를모르는왼손잡이오

거울때문에나는거울속의나를만져보지못하는구료마는
거울아니었던들내가어찌거울속의나를만나보기만이라도했겠소

나는지금거울을안가졌소마는거울속에는늘거울속의내가있소
잘은모르지만외로된사업에골몰할게요

거울속의나는참나와는반대요마는
또꽤닮았소
나는거울속의나를근심하고진찰할수없으니퍽섭섭하오

-이상, 「거울」 (1933)

시인 이상은 「거울」이라는 시에서 거울 속에 비친 자신의 이미지를 마치 다른 사람인 듯 낯설게 인식하고 있다. 이때 시적 화자가 거울 속 자신의 이미지에서 발견하는 낯섦은 무척 중요한 것이다. 생각해 보면 우리가 생각하는 '나'라는 '자아'의 실상 역시도 일정한 왜곡을 지닌 거울 속 이미지를 오인한 것일 수 있기 때문이다. '내가 생각하는 나'와 '타자가 바라보는 나'는 다를 수밖에 없고, 이러한 차이와 간극에 대해 생각해 보는 것은 자기 성찰의 중요한 한 단계이다.

학습 활동 14

비평적 글쓰기

1 비평문이란?

비평문이란 대상 텍스트를 분석하고 가치를 판단하여 작성한 글을 말한다. 비평은 대상 텍스트에 대해 자신의 관점을 세워 옳고 그름, 아름다움과 추함을 분석하여 가치를 제시하는 행위이며 그에 대해 근거를 함께 제시해야 하기에 비평적 글쓰기는 창의적인 글쓰기이면서도 설명이나 논증과 같은 서술 방법을 활용하는 글쓰기이다.

✎ **다음 글을 읽고 비평문의 기능에 대해서 생각해 보자.**

(가) 글이란 곧 나에서 출발해 남에게 가는 길이다. 모든 글은 '나'를 만나는 데서 시작해 타자에게 그런 '나'를 보여주는 것으로 맺는다. 나를 보여주며 타자와 만난다면 그래서 마음을 움직여 감동까지 준다면 그게 가장 훌륭한 글이다. 모든 이가 꿈꾸는 좋은 글의 이상인 셈이다.

우리는 간혹 영화를 보거나 소설을 읽으며 주체할 수 없는 감정의 흔들림을 경험한다. 즐거움, 슬픔, 재미, 고통과 같은 단순한 명사로 담아낼 수 없는 복합적이며 미묘한 감정의 동요. 나는 대개 이런 영화들을 좋아한다. 훌륭하다고 평가한다. 일상이 담아내기 어려운 심리적 문제의 심연을 다루는 작품들 말이다. 그런 작품들의 표면은 고요하지만 그 아래는 격동으로 출렁인다. 격동은 보는 이에게는 바로 전달되지만, 그걸 말과 문장으로 표현하기란 쉽지 않다. 강한 존재감으로 감지되지만 표현하기 어려운 감정, 그것을 끌어내는 것이 바로 영화 글쓰기의 소박하면서도 원대한 목표이다.

–강유정, 「프롤로그–시작하는 당신에게」, 『영화 글쓰기 강의』

(나) 내가 생각하는 독후감의 의미는 (…중략…) 책을 읽기 전후 변화한 나에 대해서 쓰는 것이다. 그러므로 자기가 없다면 독후감도 없다. 독서는 몸이 책을 통과하는

것이다. 온몸으로 통과할 수도 있고 몸이 덜 사용될 수도 있다. 터널이나 숲속, 지옥과 천국을 통과하는 것처럼 어딘가를 거친 후에 나는 변화할 수밖에 없다. 독후감은 그 변화 전후에 대한 자기 서사이다. (…중략…) 독서 후에 자기 변화가 없다면? 왜 없었을까를 생각하고 그에 대해 쓰는 것도 좋은 독후감이 된다. 자기 탐구가 깊어진다는 점에서 더 좋은 독후감이 될 확률이 높다. 자기의 경험, 인식, 지식, 가치관, 감수성에 따라 여정의 깊이는 달라진다.

-정희진, 「에필로그-다르게 읽기와 '독후감 쓰는 법'」, 『정희진처럼 읽기』

2 비평문 쓰기

❶ 영화 비평문 쓰기

영화 비평문은 영화를 본 후 영화의 내용에 대해 자신의 관점대로 분석한 글이다. 한 편의 영화를 보고 지금의 사회문제와 연관 지어 영화의 내용을 분석하고자 한다면 관련 이슈에 대해 조사해 보고 이를 영화 내용에 대입해 보는 작업이 필요하다. 다른 접근 방법으로는 그 영화를 만든 감독의 전작(前作)들과 비교해서 작품 간의 공통점과 차이점을 찾아볼 수도 있다. 또한 그 영화와 유사한 주제를 지닌 다른 영화들과 비교하면서 그 영화만의 개성을 발견할 수도 있다.

✑ 다음 글은 영화 "콘크리트 유토피아"(엄태화, 2023)를 보고 쓴 영화 비평문이다. 이 글을 읽고 영화 비평문을 구성하는 요소에 대해 생각해 보자.

아파트 공화국의 묵시록

(박유희, 『영화평론』 35, 93-96쪽.)

　〈콘크리트 유토피아〉는 재난에는 관심이 없는 재난영화다. 영화는 서울의 그 많던 아파트가 이미 무너진 상황에서 시작한다. 왜 아파트가 무너진 것인지 아무도 말하지 않고 묻지도 않는다. 행성 충돌이나 대지진이 일어난 것 같기는 한데, 여진은 없는 것인지 또 다른 지각 변동이나 천재지변이 닥치는 것은 아닌지에 대한 사람들의 불안이나 염려도 보이지 않는다. 구조대도 보이지 않고 사이렌 소리도 들리지 않는다는 대사로 국가의 통제 시스템도 마비되었다는 것이 암시된다. 이에 대해서도 사람들의 불만이나 초조는 보이지 않는다. 일반적인 재난영화가 재난의 징후와 예언, 재난 상황에서 사람들의 고투와 극복을 그리는 것과는 사뭇 다른 분위기다. 흥미로운 것은 이렇게 돌연한 상황에 대해 영화 속 인물들과 마찬가지로 관객도 당황하거나 묻지 않는다는 점이다. 나날이 올라가는 지구의 온도, 통제할 수 없는 바이러스, 바다에 방류되는 오염수, 그리고 출산율의 저하... 이 모든 것이 위기의 표징임에도 개인이 그 시계를 멈출 수는 없(다고 생각하)기에, 어느 날 아침 지구가 망한다고 해도 크게 놀라지 않을 것이라는 공감대가 이 무연함 아래 깔려 있다. 이것이 이 영화의 출발점이며 바로 재난이 기정사실화된 묵시록이 시작되는 지점이다.

　이 영화가 보여주는 것은 세상이 무너진 상황에서 사람들의 심리와 행동 양태다. '황궁아파트 103동' 하나만을 살려놓고 인류학 보고서를 쓰는 듯한 시선으로 그 속의 인간군상을 포착한다. 아파트 밖에는 시체가 즐비하지만 아파트 주민들은 턱없이 명랑하다. 그들은 아파트 밖 세상에는 관심이 없고 오직 아파트 안에서 아파트를 지키는 것에 몰두한다. 그래서 그들은 '사람'이기 이전에 '아파트 주민'이다. 아파트 주민은 크게 세 유형으로 나뉜다. '아파트는 주민의 것'을 외치며 아파트 지키기에 앞장서는 부녀회장(김선영), 야박하게 살고 싶지는 않지만 사랑하는 가족을 지키기 위해 대세를 따르는 민성(박서준), 외부인에게도 인정을 베푸는 명화(박보영)가 각 유형을 대표한다. 부녀회장이 자신의 의도를 관철하기에 적합한 인물로 김영탁(이병헌)을 지목하여 주민대표로 추대하면서 외부에 배타적인 태도가 아파트를 장악한다.

그들은 자치회를 조직하여 외부인을 몰아내고 식량 조달과 분배, 공동 위생에 대한 규칙을 만들어 아파트 내부의 질서를 유지하여 그들만의 '유토피아'를 만든다. 그것은 아파트들이 붕괴되기 이전부터 사람들이 품어온 '부박한 공정성'을 오롯이 보여준다. '콘크리트 유토피아'라는 제목은 이에 적절한 반어적 알레고리일 것이다.

그러나 고립된 상태의 신기루와 같은 그 질서가 지속될 리 만무하다. 참담한 폐허에 우뚝 서 있는 황궁 아파트를 카메라가 부감할 때, 약탈해온 음식으로 잔치를 벌이며 "아무도 없는 쓸쓸한 너의 아파트"에 맞춰 춤추는 주민들의 그림자가 아파트 벽에 유령처럼 일렁일 때, 그들만의 세상이 얼마나 허상인지 여실히 드러난다. 그럼에도 주민들이 선택해 나가는 과정에는 긴박한 심리적 개연성이 확보되어 관객으로 하여금 눈을 뗄 수 없게 만든다. 그 개연성에는 가족을 지켜야 한다는 절박함이 일관되게 흐른다. 그것을 가장 잘 보여주는 인물이 명화의 남편 민성이다. 가장 '평범한' 소시민을 상징하는 듯한 민성은 자신의 행동에 윤리적으로 문제가 있다는 것을 알면서도 아내 명화를 지키기 위해 앞장선다. 민성이 그럴수록 이제 대안을 보여 줘야 하는 것은 윤리적 선을 지키려 하는 명화의 몫이 된다. 명화와 생각을 공유하던 주민들이 붉은 낙인이 찍혀 감금되거나 죽어가고 명화가 주민대표의 비밀을 알게 되면서 명화의 행보에 더욱 초점이 모아진다. 결국 부녀회장이 아들을 잃고, 분배에 불만을 품은 주민들이 반란을 일으키는 파국의 시점에 명화는 주민대표의 정체를 폭로함으로써 결정타를 날린다.

그런데 명화가 '유토피아'의 질서를 와해시키는 논리가 석연치 않다. 주민대표 모세범은 902호의 소유자 김영탁이 아니니 나가라는 것이다. 이때 명분이 되는 것은 "아파트는 주민의 것"이라는 자치 규정이다. 애초에 배타적인 질서를 만들도록 조정하고 추동하는 일은 부녀회장으로부터 비롯되었으나, 명화는 그 문제를 짚지는 않는다. 이로써 외부인에게도 호의를 베풀었던 명화의 온정주의에 902호 김영탁에게 사기당하고 가족을 잃은 채 엉겁결에 김영탁이 된 모세범(이병헌)이 들어갈 자리는 없게 된다. 그래서 김영탁보다 아파트에 더 헌신적이었던 가짜 김영탁 모세범은 외부인이라는 이유로 모든 폭력과 실패의 책임을 지는 희생양이 되어 피 흘리며 죽어갈 수밖에 없다.

결국 명화를 보호했던 민성은 죽고 민성의 가족주의 덕분에 손에 피를 묻히지 않을 수 있었던 명화만이 살아남는다. 그녀는 아파트 밖의 새로운 사람들을 만나 세로로 우뚝 선 아파트가 아니라 가로로 누운 건물에서 조건 없이 나누어주는 주먹밥을 받아든다. 이를 통해 영화는 배타성의 근거가 되는 '가족'이 아니라 밥을 함께 나눌 수 있는 공동체로서의 '식구'를 제안함으로써 마지막 희망을 전하고 싶어 하는 듯하다. 그러나 그것이 선뜻 희망으로 다가오지 않는 것은 마지막 기대를 걸었던 명화조차 절박한 순간에 내놓을 수 있는 명분이라곤 기성의 규약과 그에 따른 내외부의 구분이었음을 우리가 이미 목도했기 때문일 것이다.

→

학습 활동 15

❷ 독서 비평문 쓰기

　독서 비평문(서평)은 책을 읽고 쓰는 비평문이다. 독서 감상문과 비슷하다고 할 수 있는데 독서 감상문이 자신의 감상을 위주로 작성한 글이라면 서평은 한 걸음 더 나아가 자신이 감상한 바를 다른 사람들과 함께 나누고 향유하려는 목적을 지닌다. 서평에는 책에 대한 객관적 사실을 소개하는 한편으로 책에 대한 자신의 해석과 평가를 통해 책의 내용이 지닌 가치에 대해서도 제시해야 한다.

✍ **다음 글은 『선량한 차별주의자』(김지혜, 2019)를 읽고 쓴 서평이다. 이 서평을 읽고 서평을 구성하는 요소에 대해 생각해 보자.**

내 안의 편견, 구조적 불평등의 인식과 대응
(소은영, 『이화젠더법학』 12(1), 277-280쪽.)

　우리 「헌법」 제11조 제1항은 "모든 국민은 법 앞에 평등하다. 누구든지 성별·종교 또는 사회적 신분에 의하여 정치적·경제적·사회적·문화적 생활의 모든 영역에 있어서 차별을 받지 아니한다."라고 규정하고 있으며, 이제 사람을 구분 짓고 차별하는 것이 부당한 일이라는 데 공감하지 않는 사람은 거의 없을 것이다. 그럼에도 실제로 우리 생활에서 누군가를, 어떤 집단을 차별하고 배제하는 일은 비일비재하게 일어난다. 혐오, 갑질, 차별이라는 키워드는 최근 몇 년간 이슈가 되었던 사건들에서 꾸준히 접할 수 있었다. 어려운 일임에도, 차별을 받아왔던 사람들은 부당한 차별에 저항하는 목소리를 꾸준히 내왔고, 때로는 사법에 호소하여 부당한 차별이라는 판결을 이끌어내거나 입법을 통하는 해결을 모색하는 등 이른바 공적 영역에서의 변화도 이루어졌다.

　김지혜의 『선량한 차별주의자』에서는 바로 이 지점, 즉 나나 당신이 차별을 의도하지 않고 했던 말이나 행동이 다른 이를 차별하는 것일 수 있다는 문제를 제기한다. 저자는 자신도 모르는 사이에 차별적 표현을 사용했던 경험을 시작으로, 일상의 언어로 여러 사례를 통해서 차별이 어떻게 스며들어 있는지 짚어낸다. 이 책은 일상의 차별 사례를 통해서 차별이 무엇인지 알기 쉽게 풀이하고 있지만, 한편으로 (주로 미국의) 연구를 통해서 차별과 관련된 이론, 연구 결과를 충실하게 소개한다. 해외의 이론 소개와 연구 결과라고 해도 우리 사회의 현상에 비추어 통찰하기에 부족함이 없다.

이 책의 본문은 총 3부로 이루어져 있다. 1부에서는 차별하는 사람이 스스로 차별하고 있음을 인식하지 못하는 이유와 차별받는 사람도 그것을 내면화하여 구조적 불평등을 고착화하는 현상을 분석한다. 우리는 다양한 상황에서 '특권'을 갖고 있지만, 그 특권에 균열을 내는 상황이 발생하기 전까지는 그것을 인식하지 못하는 경우가 많다. 내가 특권을 가진 다수자(강자)임을 인식하더라도, 차별을 없애고 평등을 주장하는 것이 곧 내가 가진 권리를 빼앗기는 것이라고 여기는 경우도 적지 않다. 이는 평등을 주어진 자원을 공평하게 분배하는 것이라고 평면적으로 이해하기 때문이다.

그러나 차별은 다양하고 복합적인 차원에서 이해될 필요가 있다. 사람을 구성하는 정체성, 한 개인이 가지고 있는 사회적 위치는 다중적이다. 그 안에서는 차별의 가해자도 피해자가 될 수 있고, 복합적으로 특권을 누리는 자와 복합적으로 억압을 받는 자 역시 존재한다. 차별의 교차성을 목도할 수 있는 예로, 저자는 테러와 여성의 안전 위협을 이유로 예멘 난민의 입국을 거부했던 사례를 소개한다. 여성이라는 지위는 소수자(약자)일 수 있지만, 예멘 난민 여성은 복합적으로 소수이며, 한국인 여성은 예멘 난민 남성에 대하여 다수자(강자)일 수 있다. 이주민을 바라보는 시각은 그 외에도 문제가 된다. 책에서도 소개된 올림픽 출전을 위한 특별귀화 외국인분만 아니라, 노동력을 보충하기 위한 이주노동자, 한국 사회의 저출산 문제 해결을 위한 결혼이주여성 등 이주민을 필요나 효용의 관점에서 판단하는 것에도 차별과 배제의 관점이 있다고 생각한다. 이렇게 차별적 관점을 만들어내는 원인으로 저자는 구조적 불평등에 주목한다. 구조적 불평등은 차별하는 자에게 편견을 심어주기도 하지만, 부정적 고정관념을 내면화하여 차별받는 사람이 마치 스스로의 자유의사에 의한 선택이자 행동으로 그 구조를 고착화하는 결과를 만들어내기도 한다.

2부에서는 개인의 인식과 행위를 넘어, 차별행위가 어떤 모습으로 나타나는지 살펴본다. '웃자고 한 말'은 누가 하는지, 누가 정말 재미있다고 생각하는지를 보면, 1부에서 말했던 구조적 차별의 지형이 보인다. 또, 과연 능력이나 성과에 따라 다르게 대우한다면 그것은 정당한지 질문한다. 우리 「헌법」은 앞서 말한 제11조 제1항분만 아니라, 전문에서 "정치 · 경제 · 사회 · 문화의 모든 영역에 있어서 각인의 기회를 균등히 하고, 능력을 최고도로 발휘하게" 한다고 규정하고, 제31조 제1항에서 는

"모든 국민은 능력에 따라 균등하게 교육을 받을 권리를 가진다."고 규정한다. 여기서 능력은 무엇을 말하는 것인가? 대학 입학이나 취업 시험, 학교와 직장에서 '능력주의'나 '성과주의'라는 말은 일견 각자가 기울인 노력에 따라 열매를 얻는 것이니 누구든지 그 경쟁에 참여한 사람은 결과를 받아들여야 한다고 여겨진다. 그렇지만 어떤 능력을 요구하는지, 이를 누가 판단하는지를 보면 공정함이라는 이름으로 이루어지는 차별이 보인다.

한편으로 차별은 누군가를 지우고, 배제하는 방식으로 이루어진다. 저자는 외국인을 공중목욕탕에서 만나는 일이나 퀴어문화축제를 광장에서 여는 것이 '불편'하고, 동성애를 '좋아하지 않는다'는 발언을 예로 들면서, 누가 불편함을 표시하고 그 대상이 누구인지 보면, 그것은 취향과 호오의 문제가 아니라 차별과 배제임이 드러남을 밝힌다.

3부에서는 이제 차별에 어떻게 대응해야 할까를 논한다. 차별하는 당사자가 될 수 있음을 인식하는 것에 머무르지 않고 구조적으로 누군가 차별받고 배제당하지 않는 사회를 만들기 위해 할 수 있는 일이 무엇일까? 저자는 '성찰'을 통한 '책임'과 '연대'를 말한다. 구조적 불평등에 대한 성찰 없이 보편적 인권과 평등을 말하는 것은 공허할 뿐 아니라 불평등한 구조에 대한 묵인 내지 동조일 수 있다. 만일 기존의 법이 구조적인 불평등에 복무하는 것이라면, 그에 대하여 시민 불복종이나 법률의 위헌 여부 판단을 구하는 방법으로 문제 제기를 할 수 있다. 이와 더불어 저자는 "우리가 서로 차별을 '하지' 않게 만들자는 해법"(195쪽)으로 「차별금지법」을 말한다. 「헌법」과 「국가인권위원회법」, 우리나라가 비준한 국제 인권 규범들이 있지만, 「차별금지법」은 단순히 차별의 가해자를 단죄하고 규제하는 역할만을 수행하는 것이 아니라, 우리 사회에서 과연 차별이 무엇인지, 어떻게 해결해 나아갈지 생각해 볼 수 있는 공론의 장을 만드는 역할을 할 수 있다.

저자는 대부분의 사람들이 누군가 차별받는 것이 부당하다는 대전제에 공감하고 있다는 점에서 희망을 이야기한다. 그러나 내가 갖고 있는 특권으로 언제든 타인을 차별할 수 있다는 성찰이 결여된 채, 과연 우리는 '선량한' 시민으로 존재할 수 있을까?

성전환 수술 뒤 법원에서 성별 정정 허가를 받은 A 씨는 여자대학교에서 입학 허가를 받았지만 학내외의 반대 여론 등에 대한 부담으로 입학을 포기했다. 이태원의 클럽에서 코로나19 바이러스 집단 감염이 발생하면서 성소수자들이 사회적 차별,

혐오, 고립감을 겪는다고 보도되었다. 역시 코로나19 팬데믹 후 인종, 일자리, 지역 등 다양한 척도에 따른 배제와 차별이 존재한다. 이 책은 이미 많은 화제를 가져왔고 독자들로 하여금 내 안의 특권과 편견을 성찰하게 하는 계기를 마련했지만, 아직 차별을 "더 발견할 때"(38쪽)이기에, 그리고 그 해결을 위한 연대가 필요하기에 일독을 권하고 싶다.

→

학습 활동 16

학술적 글쓰기

1 학술적 글쓰기의 목적

❶ 학술적인 글의 유형

대학에서 요구하는 학술적 글쓰기(academic writing)에는 여러 유형이 있다. 적절한 과제 수행을 위해서는 강의에서 요구하는 글의 종류를 먼저 분명히 인식해야 한다. 같은 학술적인 글이라 하더라도, 전공영역이나 강의에 따라 요구하는 글의 성격이나 형식이 다르기 때문이다. 학술적 글쓰기의 다양한 장르는 학생들에게 요구하는 지식의 종류나 형식적 엄밀성에 따라 ① 논문, ② 보고서, ③ 학술적 에세이로 분류해 볼 수 있다.

위에서 언급한 세 유형의 학술적인 글은 지식을 도출하는 형식이나 과정이 상이하지만, 자신이 내세운 주장이나 수립한 가설에 대해 여러 조사, 분석을 거쳐 합리적 논증을 수행한다는 점에서는 본질적으로는 유사하다고 할 수 있다. 위의 유형들은 형식적 엄밀성의 정도에 따라 논문 〉보고서 〉학술적 에세이 순으로 배열할 수 있다.

① 논문

논문은 학술 논문과 학위 논문으로 크게 나눌 수 있다. 먼저 학술 논문은 각 분야 학술지에 실리는 논문으로, 연구자로 인정되는 자격을 갖춘 이들에 의해 발표되는 글이다. 일부 부실한 학술지가 사회적 문제로 대두되기도 하지만, 대부분의 논문은 동일한 분야에 속한 전문가들의 엄정한 심사(peer review)를 거친다. 이를 통해 논문의 게재 여부가 결정된다는 점에서 일정한 검증과정을 거쳤다고 할 수 있다.

학위 논문은 석사나 박사학위를 받기 위해 자신의 전공영역에서의 연구 성과를 검증받는 글이라 할 수 있다. 학술 논문보다는 더 방대한 주제를 다루며 그만큼 요구하는 연구 항목 역시 더 많고 긴 글이다.

논문의 연구 방법, 절차, 서술 방식은 전공별로 공유되는 학문적 관습에 따라

상이하며, 각각의 관습에 따른 엄격한 논문의 체제가 존재한다. 대표적으로 의학이나 이공계에서 널리 쓰는 IMRAD 글쓰기의 형태는 논문에서 요구되는 엄격한 체제를 분명하게 보여준다.

서론(Introduction): 연구 목적, 연구 배경, 문제 제기, 선행 연구 검토 등이 이뤄진다.

재료와 방법(Material and Method): 다른 연구자가 동일한 실험을 반복할 수 있을 정도로 실험조건을 구체적으로 제시해야 한다. 이 항목에서는 연구자의 주관적 판단이나 해석은 배제하고 객관적인 사실만을 서술해야 한다.

결과(Result): 실험을 통해 얻은 결과를 요약정리한다. 단순히 결괏값만을 제시하기보다는 결과에 이르는 과정 역시 자세히 설명해야 한다.

토의(Discussion): 실험 결과에 대한 글쓴이의 해석과 함께 선행연구와의 변별점, 연구의 의의에 대한 연구자의 생각을 서술한다.[2]

IMRAD 글쓰기는 토의를 제외한 대부분의 항목에서 연구와 관련된 객관적인 서술만을 요구한다. 이러한 글쓰기 방식이 중요한 것은 결국 연구자들 간에 합의된 하나의 규칙이자 약속이기 때문이다. 물론 전공별로 IMRAD와는 다른 형식을 사용하는 경우도 많으며, 상당수의 인문학 전공에서는 IMRAD와 전혀 무관한 논문 체제를 사용하기도 한다. 이는 전공에 따라 연구의 성격이 다르기 때문인데, 각 전공에서 통용되고 있는 정확한 논문의 체제와 서술 방법은 반드시 지도교수와 상의할 필요가 있다.

② 보고서

학술적 보고서는 학술적 논문에 비해 상대적으로 그 체제나 양식이 단순한 글이지만, 학생들이 학습의 과정을 온전히 이해하고 정확한 결과를 도출해내는지를 확인하기 위해 일정한 체제와 형식을 요구하는 경우가 많다. 보고서의 유형이나 형식은 전공과 강의의 성격에 따라 상이하지만, IMRAD 글쓰기처럼 학생들로 하여금 실험이나 실습 과정 등을 구체적으로 기술하도록 요구하는 특정한 항목들이 존재한다. 학생들은 체제와 형식에 맞게 조사와 정리, 해석, 분석 등을 충

---

2 김성수 외, 『과학기술의 상상력과 소통의 글쓰기』, 박이정, 2013, 115~118쪽.

실히 수행하면서, 각 항목의 의도에 부합하는 정확한 내용을 기술할 필요가 있다. 보고서의 유형에는 실험, 실습 결과보고서, 학술답사 보고서 등이 있다.

 <실험보고서> 예시[3]

1. 서두
　1) 표지
　2) 제목
　3) 차례
　4) 도표 목록

2. 본문
　1) 서론
　2) 실험 목적
　3) 실험 이론
　4) 실험 장치 및 방법
　5) 실험 결과
　6) 고찰
　7) 결론

3. 마무리
　참고문헌

③ 학술적 에세이

체제나 항목이 일정하게 정해진 논문, 보고서와 달리 학술적 에세이는 비교적 자유로운 형식을 통해 자신의 독창적 관점을 서술하는 유형의 글을 말한다.[4] 학술적 에세이에는 서평이나 영화, 공연 비평문, 시사 비평문 등 대학에서 쓰는

3　신형기 외, 『모든 사람을 위한 과학 글쓰기』, 사이언스북스, 2006, 151쪽.
4　김성수 외, 『생각하고 소통하는 글쓰기』, 삼인, 2018. 357쪽.

비교적 형식이 자유로운 다양한 유형의 글이 모두 포함된다. 그런데 주의해야 할 것은 글쓴이의 독창적인 생각을 자유롭게 서술한다고 해서 학술적 에세이가 주관적인 성격의 글만은 아니라는 점이다. 학술적 에세이는 보고서에 비해 그 형식이 자유로울 뿐, 성실한 자료 조사를 바탕으로 타당한 근거 제시와 적절한 논리 전개가 필수적인 글이다. 즉, 학술적 주제에 대해 심도 있는 탐구를 수행해야 한다는 점에서 학문적 객관성 또한 요구되는 글이라 할 수 있다.

2 학술적 글쓰기의 실제: 학술적 에세이 쓰기

그렇다면 여기서는 체제나 형식이 정해진 보고서나 논문 대신 학술적 에세이를 중심으로 쓰기의 전략을 살펴보자. 2장에서 배운 글쓰기의 일반적 과정과 절차를 활용하여 서론-본론-결론으로 구성된 한 편의 글을 완성할 수 있지만, 학술적 에세이에서는 추가적으로 다음과 같은 쓰기의 전략적 요소들을 고려할 필요가 있다.

❶ 과제분석과 글쓰기의 계획

학술적 에세이의 경우, 먼저 과제의 의도를 이해하는 작업이 필수적이다. 현재 수강 중인 강의의 전체적인 목표, 관련된 해당 주차의 세부 학습목표 등을 찾아보고, 이 과제가 학생들에게 요구하는 바가 무엇인지 그 의도나 목적을 먼저 생각해 볼 필요가 있다. 그리고 이를 고려하여 주제, 참고 자료의 성격과 범위, 내용 구성, 서술 방법 등을 면밀히 계획해야 한다. 강의에서 다룬 핵심적인 개념이나 이론, 특정 대상이나 인물이 있었다면, 이를 중심으로 구체적인 주제를 정해야 한다.

❷ 문제의식의 발견과 독창적 관점의 확보

학술적 에세이는 과제에 대한 정확한 이해를 바탕으로 자신의 독창적인 생각을 펼치는 글이다. 하지만 학술적인 에세이를 쓰는 많은 학생들이 선행연구나 자료를 조사하는 데는 공을 들이면서도 정작 자신의 관점이나 생각을 서술하는 데에는 소극적인 경우가 많다. 학술적인 에세이 역시 기본적으로 새로운 지식을 창출하는 것을 목적으로 하는 만큼, 관련된 앞선 연구를 충실히 정리하는 것에 더해 새로운 문제의식을 확보해야 한다.

기존의 여러 자료를 충실히 정리한 이후에는 먼저 차별화되는 글쓴이 고유의 관점과 입장, 태도가 무엇인지 생각해 보고, 그 부분이 부각되도록 글을 구성해야 한다. 만약 글쓴이 자신의 뚜렷한 문제의식이나 관점 없이 일반적이고 상식적인 의견만을 반복하거나, 선행연구만을 정리하는 데 그친다면 참신성 없는 지루한 글이 되고 말 것이다. 독창적 문제의식을 쉽게 발견하기 위해서는 평소 자신이 잘 알거나 관심이 있던 화제에 초점을 맞춰 주제를 도출해 보는 것도 좋은 방법이다.

학술적 에세이에서 중요한 것은 기존의 관점이나 지식에서 간과되거나 오인된 것들을 새롭게 발견하는 것이다. 한 예로 아래의 글은 〈골목식당〉이라는 프로그램의 한 에피소드를 비판적으로 재검토하고 있다. 〈골목식당〉이라는 프로그램은 잘 알려져 있듯, 장사가 잘되지 않는 음식점의 여러 문제를 진단하고 개선해주는 것을 목표로 하는 프로그램이지만, 글쓴이는 이 에피소드가 파악하고 있는 문제의 원인이 잘못되었다고 지적하고 있다.

언제부턴가 많은 논란거리를 만들면서 되레 시청률 면에서는 적잖은 재미를 보고 있는 예능 프로그램 〈골목식당〉을 생각해 보자. 최근 이 프로그램은 여수 꿈뜨락몰 편을 찍으면서 젊은 청년 창업가들이 프로페셔널 정신 없이 장사하고 있는 상황을 날 것 그대로 보여줌으로써 많은 시청자들로 하여금 그들 청년 창업가들을 향해 분노를 터뜨리게 하고 있다.

그런데 여기에는 어떤 전제가 따른다. 즉 지방의 소도시에서 창업했다 하더라도 음식 장사를 하는 이로서의 진지한 마음가짐과 제대로 된 메뉴 선정, 그리고 입소문을 타기만 하면 성업할 수 있을 것이라는 기대가 그것이다. 애초에 이곳은 중소벤처기업 블로그에 따르자면, 29개 점포에 입점한 청년 상인들은 101명의 지원자 가운데 서류심사와 발표평가 등의 치열한 경쟁을 거쳐 선정되었고, 입주 청년들에게는 상품 진열과 아이템 보완 등 분야별 전문가 컨설팅과 1년간 임대료 지원, 5년간 임

대보장 등의 혜택이 주어졌다고 한다.

　그러나 고작 1년밖에 경과되지 않은 시점에서 이곳은 그야말로 파리만 날리는 곳에 지나지 않게 되었다. 2017년 9월, 의욕적으로 시작했던 경주의 욜로 청년몰 지원사업 또한 1년도 지나지 않아 폐점하는 점포들이 속출하여 사실상 실패로 돌아갔다. 청년들을 대상으로 지자체에서 의욕적으로 행한 사업들이 이처럼 비극적 결말로 치달을 수밖에 없는 이유에 대한 고민 없이, 〈골목식당〉처럼 단순히 청년들의 열정과 패기의 부족만을 이유로 삼는 것이 과연 온당한 일일까? 적당히 먹을 만한 메뉴를 계발하고 공중파 TV로 입소문을 낸다고 해서 프로그램이 표방하는, 지역 경제 살리기 프로젝트가 제대로 가동하게 될 수 있을 것이라고 순진하게 생각하기는 어려워 보인다. 청년 실업을 해소하고 지역의 침체된 상권을 살리고자 하는 일석이조의 시도가 지자체에 의해 천편일률적으로 우후죽순 일어나면서 오히려 청년들만 희생당하는 사례로 전락하고 있다. 요는 청년이 문제가 아니라 지자체의 고민 없는 요식행위다. 〈골목식당〉은 지역 경제를 살리는 데 일조하겠다면서 지역 청년들을 타자로 내몰고 분노의 대상으로 전락시키고 있다. 그런데 더 큰 문제는 이에 대한 해결책으로 프로그램이 내세우는 방식이다. 이 프로그램은 기실 백종원의, 백종원에 의한, 백종원을 위한 것이다. 그러니까 백종원이라는 영웅이 존재하지 않는다면 솔루션도 존재하지 않는다. 사태의 본질을 정확히 파악하고 문제의 원인을 진단하며 적절한 대안과 해결책을 제시하는 것은 오직 그만이 주도할 수 있다. 하지만 그는 장사의 방향성이나 사장님의 방향성을 결정짓는 데 도움을 줄 수 있는 이가 될 수 있을지는 몰라도 지역 경제 살리기, 그 자체의 방향성을 솔루션으로 제시할 수 있는 이는 아니다. 그는 요식업 전문가지 지역 경제 전문가가 아니다. 백종원이 5월 22일 방송에서, "입장 바꾸고 생각해 봐, 이건 불공평한 상황, 갑자기 우리가 나타나 왜 뭐든지 다 먹여 줘야 하냐?"라고 분노한 것은 단지 청년 창업자들에게만 향한 것이 아니다. 그가 정확히 지적하고 있는 것은 아니지만, 여기에는 강요하듯 떠밀려 창업하는 청년 창업의 구조적 문제를 외면한 채, 청년들의 불성실에만 원인 짓게 하고 그에 대한 해결책 역시 한 명의 영웅을 등장시켜 적당히 마무르려는 프로그램 제작진의 안일한 태도 또한 초점에 두고 있는 것이다.

　구조적 문제를 개인의 차원으로 환원하여, 그들을 교화·교정하기만 한다면 사태가 해결될 수 있다고 믿는 사고방식은 1997년 IMF 이후 한국 사회에 일반화된 통념이다. 『아프니까 청춘이다』식의 공감 담론이나 멘티에 대한 멘토의 조언 방식, 한때 열풍이었던 힐링 담론은 그 구체적인 예시들이라 할 수 있다. 구조의 문제를 의심하지 않는 한, 다시 말해 제가 확신하고 있는 것에 대한 재점검이 총체적으로 이루어지지 않는 한, 백종원은 계속 영웅일 테고 선발된 일부의 청년들만이 기울어진 운동장에서 승리의 포즈를 취하게 될 수 있을 뿐일 것이다. 〈골목식당〉이 야기하는 분노는 구조의 문제를 덮는 손쉬운 솔루션이자, 구조 그 자체를 의심 없이 승인하게 하고 그것을 확신하게 하는 궁극적 지지대로 작동한다. 제작진은 청년과 백종원을 계속 비추지만 정작 카메라가 피사체로 초점화해야 할 것은 사람이 드나들지 않는 쇼핑몰 자체, 지자체의 탁상행정과 안일한 운영 방식이다. 백종원의 솔루션은 그 안에서 행해질 수 있는 지엽적인 것에 지나지 않는다. 원인에 대한 진단이 잘못되었는데 올바른 해결책이 나올 수 없다. 소상공인을 살리겠다는 〈골목식당〉이 되레 소상공인들에 대한 분노와 혐오 의식으로 점철되는 것은 우연이 아니다.(일부)

–손남훈, 「주체의 확신과 타자에의 분노–예능프로그램의 양상」,
『오늘의 문예비평』 113호, 2019.

글쓴이는 국가로부터 많은 지원을 받고 창업한 '청년몰'의 부진에 대해 〈골목식당〉이라는 프로그램이 단순히 청년들의 불성실이나 미숙함만을 문제의 원인으로 파악하고 있으며, 해결책 역시 백종원이라는 한 명의 "영웅"만 내세우고 있다고 비판하고 있다. 사실 국가와 지자체에서 의욕적으로 주도한 대다수의 '청년몰'이 폐업한 이면에는 청년들의 불성실이나 미숙함을 넘어서는 제도적 허점이라는 구조적 원인이 존재하는 것은 분명하다. 글쓴이는 이 에피소드에 이러한 구조적 원인에 대한 고려가 없음을 들어, 〈골목식당〉이 오히려 문제의 근본적인 원인과 해결책을 은폐하고 있다고 주장하고 있다.

위의 글에서 보듯, 학술적 에세이 역시 기존의 관점이나 지식을 비판적으로 재검토하고 이를 바탕으로 새롭고 독창적인 문제의식을 명료하게 제시할 수 있어야 한다. 물론 이러한 문제의식이 설득력을 얻기 위해서는 이를 객관적으로 뒷받침해 줄 여러 근거나 이론들을 함께 제시해야 한다.

❸ 다양한 자료 활용과 자료에 대한 해석

학술적 에세이에서는 자신의 주장이나 가설을 뒷받침하기 위해 다양한 자료 조사를 수행해야 한다. 학술적 글의 수준을 결정하는 것은 결국 인용하는 자료의 질이라고 해도 과언이 아닐 만큼 자료 조사는 매우 중요하다. 따라서 자료에 대한 인용은 신뢰성을 갖춘 전문적인 자료를 중심으로 이루어져야 한다. 인터넷 검색을 통해 찾은 출처가 불분명한 자료나 글의 수준과 맞지 않는 참고문헌은 정말 불가피한 경우가 아니라면 인용을 삼가야 한다. 물론 위키피디아 및 인터넷 블로그 등은 다양한 정보를 빠르게 찾을 수 있다는 점에서 매우 효율적인 활용 수단이지만, 인용을 위해서는 반드시 정보의 원출처를 직접 확인해서 인용해야 한다.

학술적 글쓰기에서 활용하기에 적합한 자료에는 다음과 같은 것들이 있다.

■ 단행본: 도서관, 서점 등을 통해 자신이 쓰려는 주제와 관련된 다양한 책들을 찾아보자. 과제의 성격에 따라 활용할 수 있는 단행본은 학술서적부터 문학, 논픽션에 이르기까지 그 범위가 다양하다. 저자 정보와 목차 등을 살펴본다면, 적합한 자료인지, 자신의 주제와 관련이 있는지를 빠르게 가늠해볼 수 있다.

■ 학술, 학위 논문: DBPIA, KISS 등 학술자료 데이터베이스를 활용할 수 있다. 자신의 글과 관련된 다양한 논문들을 찾아보자. 주제와 관련하여 필요한 정보는 물론 자신의 주장을 뒷받침할 다양한 근거 자료를 찾을 수도 있을 뿐만 아니라 기존 연구를 비판함으로써 자신이 쓰려는 글의 입지를 마련할 수도 있다. 모든 논문에는 키워드와 초록이 있으므로 이를 활용해 자신이 필요로 하는 논문을 빠르게 선별하는 것이 중요하다.

■ 신문 및 잡지: 신문 및 잡지는 활용하고자 하는 사안에 대해 다양한 정보를 손쉽게 얻을 수 있다. 각 신문사의 홈페이지를 활용하면 날짜, 키워드별로 손쉽게 기사 검색이 가능하다. 오래전 신문에 대한 참고가 필요한 경우 〈네이버 뉴스라이브러리〉나 〈빅카인즈〉의 고신문 아카이브를 활용하면 과거의 신문 기사에 손쉽게 접근할 수 있다.

〈네이버 뉴스 라이브러리〉　　　　〈빅카인즈〉의 고신문 아카이브

■ 각종 통계자료: 정부나 연구소에서 운영하는 홈페이지를 방문해서 공개되고 있는 여러 통계자료 역시 자신의 글에 활용할 수 있다. 〈통계청〉, 〈국가통계포털〉, 〈환경부 디지털도서관〉, 〈한국사회과학자료원〉 등의 홈페이지를 통해 다양한 통계자료를 확보할 수 있다.

■ 시청각 자료: 다매체 시대인 만큼 활용할 수 있는 자료의 틀도 문헌자료를 넘어 점점 다양해지고 있다. 뉴스에서의 인터뷰, 다큐멘터리 영화, 극영화 등 필요와 맥락에 따라 자신의 글에 이미지나 동영상의 내용을 소개하는 것도 얼마든지 가능하다.

이처럼 조사한 자료를 활용하는 과정에서 많은 학생들이 흔히 범하는 실수는 찾은 자료를 단순히 제시하는 데만 급급하다는 사실이다. 자신의 주장을 뒷받침하는 적절한 자료를 찾았더라도, 그 자료가 절대적인 진리일 수는 없기 때문에 자료에 대한 자신의 논평과 해석은 필수적이다. 자료의 적절성과 한계에 대해 적절히 논평함으로써 자신의 글에 자연스럽게 연결시킬 필요가 있다.

특히 충실한 자료의 해석은 표절의 위험성을 낮출 수 있는 이점 역시 존재한다. 표절이란, 다른 사람의 글 전체나 일부를 마치 자신이 쓴 것처럼 속이는 행위나 타인의 아이디어나 데이터를 출처를 밝히지 않고 사용하는 것을 말한다. 이러한 표절에는 내용표절에서부터 아이디어 표절, 짜깁기 표절 등의 세부적인 유형이 존재한다. 표절에서 자유롭기 위해서는 참고자료의 출처를 꼼꼼하게 밝히고 자신의 글에 어떠한 맥락으로 인용되었는지를 구체적으로 서술할 필요가 있다.

❹ 글의 설계와 논리의 흐름

학술적 에세이는 비교적 자유로운 형식을 갖지만, '학술적인' 글이기도 한만큼 논리적 구성이 필요하다. 논리적인 글은 주제와 글 전체가 유기적인 연관을 가져야 하고, 이를 위해 각 단락을 연결하는 일관된 논리의 흐름이 분명히 존재해야 한다. 명확한 논리의 흐름을 만들어 내기 위해서는 어휘나 문장의 차원이 아닌 단락 단위로 전체적인 글을 사고하고 계획해야 한다. 서론, 본론, 결론의 역할과 기능을 생각해 보고, 이를 위해 몇 개의 단락이 필요한지 가늠해 보자. 이를 이미지로 그려보면 다음과 같은 도표로 그려볼 수 있다.

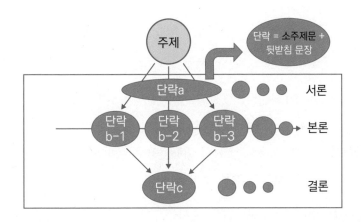

1.2절 글쓰기의 과정에서 살펴봤듯, 서론에는 글의 화제와 주제, 목적을 소개하는 단락이 위치하고, 결론에는 본문의 내용을 정리하거나 글의 의미를 다시 한번 재강조하는 서술이 필요하다.

서론과 결론은 글의 종류에 상관없이 거의 유사한 기능을 하지만, 본론은 글의 주제와 목적, 장르에 따라 다양하게 구성될 수 있다. 글쓰기가 익숙하지 않다면, 본론에서 쓸 수 있는 몇 가지 구성 방법을 먼저 익히고, 이를 응용하여 다양한 논리 전개 방식을 만들 수 있다. 여기서는 글의 종류에 따라 본론에서 쓸 수 있는 세 가지 정도의 구성 방법을 살펴보자.

✍ 나열식 구성[5]

나열식 구성은 대주제와 관련된 내용들이 각각의 단락들에 대등하게 나열되는 구조를 말한다. 어떤 주제의 대등한 여러 측면을 다룰 때 유용한 구조다.

주제
생성형 인공 지능이 야기할 사회적 변화

내용1	내용2	내용3
교육에서의 변화	산업에서의 변화	의료에서의 변화

예를 들어 chat GPT와 같은 생성형 인공 지능이 우리 사회에 야기할 여러 변화에 관한 글을 쓴다고 가정한다면, 교육에서의 변화, 산업에서의 변화, 의료에서의 변화처럼 주제와 대응되는 여러 내용들을 대등하게 나열하는 것만으로 손쉽게 한 편의 글을 구성할 수 있을 것이다.

✍ 기존 주장 → 비판 → 새로운 주장 제시[6]

하나의 학설이나 주장에 대해 반박하면서 새로운 주장을 제시하는 글의 구조이다. 논증하는 유형의 글에서 기존 주장의 논리적 허점을 비판하면서 손쉽게 자신의 논지를 강화할 수 있는 방식이다. 다음과 같은 방식으로 글의 구조를 구성해볼 수 있다.

기존 주장	비판	새로운 주장
촉법소년 처벌을 강화해야 한다	촉법소년의 처벌을 강화했을 경우 해당 연령의 범죄율은 감소했는가? → 근거(1) 처벌을 강화하는 것이 근본적으로 교화에 효과적인 것인가? → 근거(2)	촉법소년 처벌보다는 교화나 관리에 초점을 맞춘 다양한 프로그램을 개발해야 한다.

---

5 정희모, 이재성 『글쓰기의 전략』, 들녘, 2005. 167~168쪽.
6 정희모 외, 위의 책, 111쪽.

✎ 문제 → 원인분석 → 해결책 제시

사회적인 문제에 대해 목소리를 낼 때 유용하게 쓸 수 있는 보편적인 방법의 하나다. 문제 현상이 있다면 여기에 대해 원인을 정밀하게 분석하고 해결책을 제시하는 구조이다. 명확한 해결책 제시가 가능한 문제의 경우 비교적 손쉽게 사용할 수 있는 글의 구조이다.

문제	원인분석	해결책 제시
지방소멸의 실태 제시	청년들이 일할 수 있는 양질의 일자리의 부족	- 기업 유치를 위한 지원책 마련 - 각종 인프라 마련을 통한 정주 여건 개선
	수도권에 비해 교육, 문화,상업,의료 등의 인프라가 절대적으로 부족	

위에 제시한 세 가지 구성법 외에도 다양한 논리의 흐름은 글에서 얼마든지 만들어 낼 수 있다. 중요한 것은 글의 주제와 함께 자신이 서술하고자 하는 내용에 맞는 글의 구성을 찾는 것이다.

학습 활동 17 ▶

말하기의 기초

Chapter

03

말하기의 기초

좋은 말하기의 조건

의사소통은 우리 일상에서 매우 중요하다. 우리는 매일 다양한 상황에서 많은 사람들과 만나 정보를 주고받고 감정을 나눈다. 좋은 말하기는 다른 사람을 잘 이해하고 함께 협력하는 데에 도움이 된다. 이를 통해 관계를 깊게 하고 문제를 해결하며 목표를 달성할 수 있다. 그래서 의사소통의 기본 원칙과 비언어적 요소를 이해하는 것이 중요하다.

좋은 말하기의 기본 조건은 명확하고 간결한 표현, 적절한 어휘 선택, 그리고 일관된 논리 전개이다. 이러한 원칙을 따르면 서로를 더 잘 이해할 수 있다. 또한, 비언어적 요소도 중요한 역할을 한다. 표정, 몸짓, 눈빛, 목소리의 높낮이 등은 말로 표현하기 어려운 감정이나 태도를 전달한다.

성공적인 의사소통은 말의 내용뿐만 아니라 의사소통의 원칙을 잘 따르고 비언어적 요소를 효과적으로 활용하는 데에 달려 있다. 이 두 가지를 잘 활용하면 더 나은 의사소통을 할 수 있고 다른 사람과 의미 있는 관계를 형성할 수 있다.

✎ 아래의 평가 항목을 보고 '네', '아니요'에 체크해 보자.

질문	네	아니요
명확하고 간결하게 말할 수 있는가?		
적절한 어휘를 선택하여 말할 수 있는가?		
일관된 논리로 말할 수 있는가?		

1 의사소통의 원칙

의사소통의 원칙은 말하기와 듣기 과정에서 효과적인 정보 전달을 위해 지켜야 할 기본 규칙이다. 이러한 원칙 중 특히 의사소통에서 자주 언급되는 것으로 '7Cs'[7]를 이해해 보자.

❶ 명확성(Clarity)과 간결성(Conciseness)

메시지가 쉽게 이해되도록 모호한 용어나 문장을 피하고 구체적이고 명확한 표현을 사용해야 한다. 명확하지 않은 의사소통은 혼동을 초래하고 정보 전달에 실패할 수 있다. 따라서 명확성을 유지하면 효과적인 의사소통을 이루고 상대방과의 문제나 오해를 방지할 수 있다.

간결성은 메시지를 짧고 명료하게 전달하는 것을 의미한다. 불필요한 정보나 중복된 내용을 제거하고 핵심만 포함하면 의사소통의 효율성이 높아진다. 간결한 의사소통은 상대방에게 빠르고 명확하게 정보를 제공하며 이해를 돕는다. 따라서 효율적인 의사소통을 위해 메시지를 간결하게 유지하는 것이 중요하다.

❷ 구체성(Concreteness)과 정확성(Correctness)

구체성은 메시지를 명확하고 쉽게 이해할 수 있도록 만드는 중요한 요소이다. 구체적인 메시지는 정보의 왜곡이나 오해를 방지하며 듣는 사람이 메시지

---

7 Cutlip, Scott M., Center, Allen H., Broom, Glen M., *Effective Public Relations*, 11th, 2013. Reprinted by permission of Pearson Education, Inc., New York, New York.

의 의도와 내용을 정확하게 파악할 수 있게 해준다. 구체적인 정보는 상대방에게 명확하고 이해하기 쉬운 메시지를 전달해 이해도를 높이고 효과적인 의사소통을 가능하게 한다.

정확성은 표현과 정보가 올바르게 전달되는 것을 의미한다. 정확하지 않은 정보는 왜곡되거나 잘못 해석될 수 있어 의사소통의 목적이 상실될 위험이 크다. 따라서 항상 정보가 정확하고 최신인지 확인하는 것이 중요하다.

③ 일관성(Consistency)과 완전성(Completeness)

일관성은 메시지가 시간이나 상황에 관계없이 일관된 내용을 유지하는 것을 의미한다. 상반되거나 모순되는 정보를 피함으로써 메시지의 신뢰성을 높일 수 있다. 일관성이 없는 정보는 수신자에게 혼란을 주고 신뢰를 저하시킬 수 있다. 따라서 처음과 다른 의견이나 상황 변화를 설명할 때는 그 이유를 충분히 설명하여 이해를 돕는 것이 중요하다.

완전성은 메시지가 필요한 모든 정보를 포함하고 있어 수신자가 의사결정이나 행동을 하는 데 필요한 충분한 배경과 내용을 전달하는 것을 의미한다. 완전한 정보 제공은 수신자가 상황을 명확히 이해하고 필요한 결정을 내릴 수 있도록 돕는다. 모든 관련 정보를 포함하지 않으면 수신자가 잘못된 결정을 내리거나 상황을 오해할 수 있다.

④ 청자 고려(Consideration)

청자 고려는 청자의 배경, 필요, 기대, 감정 등을 반영하여 메시지를 맞춤화하는 것을 의미한다. 이를 통해 청자에게 존중과 배려를 표현하며 메시지 전달의 효과를 높인다. 의사소통에서 청자의 관점을 고려하면 협력과 이해가 증진되고 갈등이 줄어들며 더 효과적인 의사소통이 가능해진다. 상대방의 기대와 필요를 충족하기 위해 메시지를 조정하는 것이 중요하며 이는 팀워크와 창의성을 촉진하는 중요한 역할을 한다.

학습 활동 18 ▶

2 　비언어적 요소

단순한 말만으로는 의사소통이 완전히 이루어지지 않는다. 말의 내용도 중요하지만, 그것은 의사소통의 일부에 불과하다. 비언어적 요소에는 몸짓, 표정, 목소리의 높낮이 등이 포함되며, 이러한 요소들이 의사소통을 더욱 원활하게 한다. 실제 대화에서도 목소리의 높낮이, 표정, 몸짓에 따라 의미가 크게 달라질 수 있다. 비언어적 요소는 말의 내용을 보완하고 때로는 의미를 완전히 다르게 해석하게 한다.

비언어적 의사소통은 말의 내용보다 전달 방식에 더 중점을 둔다. 언어적 표현만으로는 충분하지 않을 때 눈빛이나 몸짓으로 정보를 전달할 수 있다. 상대방의 얼굴이나 동작을 통해 많은 메시지를 얻을 수 있으며 비언어적 표현은 감정을 깊이 있게 전달하는 데 효과적이다. 이는 사회적 위치나 문화에 따라 해석이나 사용 방법이 달라질 수 있다.

① 몸짓

몸짓은 의사소통에서 중요한 역할을 하는 비언어적 요소 중 하나이다. 종종 말하는 내용을 강조하거나 부각하는 데에 사용되며 때로는 말의 내용을 보완하거나 대체하기도 한다. 머리나 손의 움직임은 대화 중에 의미를 전달하는 데 중요한 역할을 한다. 예를 들어 머리의 기울임은 관심을 표현하고 손의 움직임은 설명을 도와준다.

좋은 시선의 예

좋지 않은 시선의 예

자연스럽게 사용하기: 말하려는 내용과 상황에 맞게 몸짓을 사용하되 너무 과장되지 않게 자연스럽게 표현하도록 한다.

일관성 유지하기: 동일한 메시지나 감정을 전달할 때 일관된 몸짓을 사용하면 상대방이 더 쉽게 이해할 수 있다.

상대방의 반응을 주시하기: 몸짓이나 표정을 사용할 때 상대방의 반응을 주시하며 그에 따라 필요한 경우 조정하거나 명확히 해주는 것이 좋다.

문화적 차이 인식하기: 몸짓은 문화마다 다르게 해석될 수 있으므로 다양한 문화와 국가의 사람들과 소통할 때는 그들의 문화적 배경을 고려해야 한다.

학습 활동 19

❷ 표정

표정은 감정을 전달하는 핵심적인 비언어적 요소이다. 얼굴의 미세한 움직임만으로도 기쁨, 놀라움, 분노와 같은 다양한 감정의 종류와 감정의 정도를 드러내게 된다. 눈의 반짝임은 흥미나 호감을, 코의 주름은 혐오나 불쾌함을 나타낼 수 있다. 때로는 말로 표현하기 힘든 감정을 표정만으로 직접적으로 전달할 수 있게 된다.

좋은 몸짓의 예

좋지 않은 몸짓의 예

자연스럽게 표현하기: 강조하려는 내용과 감정에 따라 자연스러운 표정을 짓는다. 과장된 표정은 상대방에게 인위적으로 느껴질 수 있다.

정확한 감정 표현하기: 상대방에게 오해를 줄이기 위해 자신의 감정을 정확하게 표현하려 노력한다.

상대방의 표정 읽기: 상대방의 표정을 주시하며 그의 감정과 반응을 파악하는 것이 중요하다.

미소 지어보기: 긍정적인 표정, 특히 미소는 대화 분위기를 밝게 하고, 상대방과의 관계를 더욱 가깝게 만들 수 있다.

학습 활동 20 ▶

❸ 목소리

목소리는 의사소통에서 핵심적인 요소로 그 특성들이 감정이나 의도를 전달하는 데 결정적인 역할을 한다. 목소리의 높낮이, 강도 및 속도는 듣는 이에게 다양한 느낌을 준다. 예컨대, 빠른 속도의 발언은 듣는 이에게 긴장감을 줄 수 있으며, 반면에 느린 속도로 말하면 그 내용의 중요성이나 여유로움을 강조하게 된다. 또한, 목소리의 높낮이나 강도를 바꾸면 특정 부분에 대한 중요성을 강조할 수 있어 그런 방식으로 듣는 이의 주목을 해당 부분에 집중시킬 수 있다.

목소리를 높여 강조하기: 주요 포인트나 중요한 부분을 강조할 때 목소리를 조금 높이는 것은 듣는 이에게 주의를 집중시키는 데 도움이 된다.

적절한 속도로 말하기: 너무 빠르게 말하면 내용 전달이 누락될 수 있고, 너무 느리게 말하면 지루함을 느낄 수 있다. 내용에 맞는 적절한 속도로 말한다.

목소리의 감정을 활용하기: 기쁨, 슬픔, 화남 등의 감정을 목소리에 담아 표현하면, 감정의 깊이와 진심을 더 잘 전달할 수 있다.

명료하게 발음하기: 말의 내용을 명확히 전달하기 위해 정확하고 명료한 발음을 하도록 노력한다.

학습 활동 21 ▶

말하기 불안과 해결법

말하기 불안은 공적 말하기에서 발생하는 긴장감과 두려움을 의미한다. 이는 자신감 부족, 과거의 부정적 경험, 청중의 반응에 대한 걱정 등 다양한 요인에서 비롯될 수 있다.

1 말하기 불안의 원인과 영향

말하기 불안은 여러 요인에서 비롯된다. 심리적 요인으로는 낮은 자존감, 완벽주의, 실패에 대한 두려움 등이 있으며, 생리적 요인으로는 빠른 심장 박동, 땀, 떨림 등 신체적 반응이 있다. 또한, 중요한 발표나 면접, 많은 청중 앞에서의 발언 같은 상황적 요인과 공적 말하기 경험이 부족한 경우에도 말하기 불안이 발생할 수 있다.

말하기 불안은 의사소통에 부정적인 영향을 미친다. 높은 긴장감은 말의 흐름을 끊거나 발언을 중단하게 하며 이는 의사소통을 방해한다. 반복되는 말하기 불안은 자신감을 더욱 저하시킬 수 있으며, 신체적 반응으로 인해 떨림, 발한, 호흡 곤란 등이 발생해 발언을 어렵게 만든다. 이러한 영향은 의사소통의 질을 떨어뜨리고, 중요한 메시지가 효과적으로 전달되지 못하게 한다.

✍ **아래의 평가 항목을 보고 '네', '아니요'에 체크해 보자.**

질문	네	아니요
말하기 전에 불안을 느끼는가?		
다른 사람 앞에서 말할 때 긴장하는가?		
말하기 도중에 생각이 끊어지는 경험이 있는가?		

학습 활동 22

2 말하기 불안의 해결법

말하기 불안을 극복하기 위해서는 다양한 접근법과 전략을 사용할 수 있다. 아래에 제시된 해결법들은 말하기 불안을 관리하고 자신감 있게 공적 말하기를 할 수 있도록 돕는다.

첫 번째로 철저한 준비와 반복적인 연습이 중요하다. 발표할 내용을 충분히 준비하고 여러 번 연습하면 자신감을 얻을 수 있다. 친구나 가족 앞에서 모의 발표를 하며 피드백을 받는 것도 큰 도움이 된다.

두 번째로 긍정적인 사고를 유지하는 것이 필요하다. 자신에게 "잘할 수 있다"고 말하고 성공적인 발표 장면을 머릿속에 그려보자. 부정적인 생각이 들 때는 이를 인식하고 긍정적인 생각으로 바꾸도록 노력하자.

세 번째로 심호흡을 하고 몸을 이완하도록 하자. 깊고 느린 심호흡은 긴장을 줄여주며 간단한 스트레칭이나 명상은 몸의 긴장을 풀어준다. 이러한 방법을 통해 마음을 차분하게 유지할 수 있다.

네 번째로 발표 상황에 대한 준비가 필요하다. 청중의 기대와 수준을 파악해 적절한 내용을 준비하고, 발표 장소를 미리 방문해 환경에 익숙해지는 것이 좋다. 예상치 못한 질문이나 기술적인 문제에 대비한 비상 계획을 세우는 것도 중요하다.

다섯 번째로 주변의 도움을 받는 것이 필요하다. 친구나 동료에게 피드백을 받아 자신의 발표를 개선하고 필요하다면 말하기 코치나 상담사의 도움을 받자. 전문적인 조언과 훈련을 통해 말하기 불안을 효과적으로 관리할 수 있다.

마지막으로 점진적으로 말하기 상황에 노출되는 것이 좋다. 작은 규모의 발표부터 시작해 점차 큰 규모의 발표로 나아가며 불안에 익숙해지자. 역할극을 통해 다양한 발표 상황을 연습하는 것도 좋은 방법이다.

이러한 방법들을 통해 말하기 불안을 줄이고 자신감 있게 발표할 수 있다. 꾸준한 연습과 긍정적인 마음가짐이 중요하다.

말하기 불안의 원인	말하기 불안의 해결법
심리적 요인	긍정적인 사고 유지 주변의 도움 받기
생리적 요인	심호흡, 이완
상황적 요인	발표 상황에 대한 준비 점진적인 상황 노출 준비와 연습 반복

학습 활동 23

말하기 준비 과정

1 말하기의 목적 명확히 하기

말하기의 목적이란 무엇을 전달하고자 하는지, 청중에게 어떤 메시지를 주고 싶은지를 의미한다. 예를 들어 정보를 제공하려는 것인지 청중을 설득하려는 것인지 아니면 단순히 즐거움을 주려는 것인지 명확히 해야 한다. 목적이 명확해야 그에 맞는 내용을 준비할 수 있고 적절한 자료를 선택하며 일관된 메시지를 전달할 수 있다.

학습 활동 24

2 청중의 기대와 필요 파악하기

청중의 기대와 필요를 파악하는 것은 의사소통을 효과적으로 하기 위해 매우 중요하다. 청중이 누구인지 알고 그들의 배경, 관심사, 지식수준을 이해해야 한다. 그래야 청중이 쉽게 이해할 수 있는 언어와 예시를 선택할 수 있으며, 청중의 관심을 끌고 유지할 수 있다. 예를 들어 전문적인 기술에 대해 발표할 때 청중이 전문가인지, 초보자인지에 따라 사용하는 용어를 선택하고 설명의 깊이를 조절해야 한다. 청중의 기대를 충족하기 위해 그들이 어떤 정보를 기대하고 있는지 어떤 질문을 할 수 있을지를 미리 생각해 보는 것이 좋다.

학습 활동 25

3 자료를 수집하고 선별하기

주제와 관련된 자료를 충분히 수집하고 이를 체계적으로 정리하는 것이 중요하다. 다양한 출처에서 자료를 수집하되 신뢰할 수 있는 정보만을 선별해야 한다. 수집한 자료를 분류하고 중요한 내용을 요약하여 발표에 사용할 핵심 자료를 정리한다.

4 말하기의 상황 점검하기

말하기의 상황을 사전에 점검하는 것은 발표나 스피치의 원활한 진행을 보장하는 중요한 단계이다. 진행될 장소, 시간, 환경을 미리 확인하고 이에 맞게 준비해야 한다. 장소를 미리 방문하여 발표 장비(마이크, 프로젝터 등)가 제대로 작동하는지 확인하고 발표할 공간의 크기와 구조를 파악한다. 또한 발표나 스피치 시간에 맞추어 내용을 조절하고 전날 충분한 휴식을 취하는 것도 중요하다. 예상치 못한 상황에 대비하여 비상 계획을 마련하는 것도 좋은 방법이다. 예를 들어 기술적인 문제가 발생했을 때 대처할 수 있는 방안을 준비한다.

✍ 말하기 상황 점검표

점검 항목	확인 사항	확인 여부	
장소 점검	발표 장소를 미리 방문했는가?	☐ 예	☐ 아니오
	발표할 공간의 크기와 구조를 파악했는가?	☐ 예	☐ 아니오
	좌석 배치와 청중의 시야를 고려했는가?	☐ 예	☐ 아니오
장비 점검	마이크가 제대로 작동하는지 확인했는가?	☐ 예	☐ 아니오
	프로젝터가 제대로 작동하는지 확인했는가?	☐ 예	☐ 아니오
	발표 자료가 정상적으로 표시되는지 확인했는가?	☐ 예	☐ 아니오
	노트북, 리모컨 등의 부가 장비를 점검했는가?	☐ 예	☐ 아니오
시간 관리	발표 시간을 확인하고 맞추어 내용을 조절했는가?	☐ 예	☐ 아니오
	발표 순서를 사전에 정리했는가?	☐ 예	☐ 아니오

환경 점검	조명과 음향 상태를 점검했는가?	☐ 예 ☐ 아니오
	발표 중 방해 요소는 없는가?	☐ 예 ☐ 아니오
건강 관리	발표 전날 충분한 휴식을 취했는가?	☐ 예 ☐ 아니오
	발표 당일 컨디션을 체크했는가?	☐ 예 ☐ 아니오
비상 계획	기술적인 문제가 발생할 경우의 대처 방안이 있는가?	☐ 예 ☐ 아니오
	비상시 연락망을 준비했는가?	☐ 예 ☐ 아니오
	백업 자료를 준비했는가? (USB 등)	☐ 예 ☐ 아니오
기타 점검	발표 자료를 최종 검토했는가?	☐ 예 ☐ 아니오
	발표 내용을 연습했는가?	☐ 예 ☐ 아니오
	예상 질문에 대한 답변을 준비했는가?	☐ 예 ☐ 아니오

Chapter

04

말하기의 실제

Chapter

04

말하기의 실제

| 4.1 | 토론하기 |

1 토론이란?

❶ 토론의 목적과 주제

토론과 토의는 자신의 의견을 근거와 논리를 통해 전달하는 의사소통의 한 형태이다. 우리는 일상적인 대화에서부터 교실 수업, TV 프로그램에 이르기까지 다양한 형태의 토론과 토의를 접할 수 있다.

✎ **토론과 토의는 어떤 차이가 있을까? 자유롭게 이야기해 보자.**

토론	
토의	

토론: 참가자들이 주어진 주제에 대해 찬성 또는 반대의 입장을 취하며 청중에게 자신들의 주장을 설득력 있게 전달한다.

토의: 문제 해결을 위해 참여자들이 의견을 나누고 협력하는 과정이다. 이는 비교적 자유로운 형식으로 진행된다.

학습 활동 26

  토론의 성공은 주제 선정에서 시작된다. 좋은 토론 주제는 참가자들 사이에 생산적인 대화를 유도하고 균형 잡힌 논의를 하게 하는 조건들을 갖추고 있어야 한다.

 토론 주제의 조건

- 첫째, 현재 상황과 반대되는 내용을 담고 있어야 함
- 둘째, 찬성과 반대로 분명하게 나뉘어 대립할 수 있는 문제여야 함
- 셋째, 사회적, 윤리적, 지적인 관심을 불러일으킬 수 있는 주제여야 함
- 넷째, 시의성을 갖추어야 함
- 다섯째, 토론 주제는 충분한 정보와 자료에 기반해야 함

② 토론을 할 때 주의할 점

  토론의 주된 목적은 청중을 설득하는 것이다. 이를 위해서는 논제를 깊이 있게 분석하고, 주요 쟁점을 명확히 하며 강력한 근거와 논거로 주장을 뒷받침해야 한다. 이 과정에서 주장과 근거의 관련성, 그리고 근거 자료의 신뢰성과 관련성을 면밀히 평가한다.

논증의 중요성: 토론에서는 논증, 즉 이유가 있는 주장이 중심이 된다. 논리적이고 설득력 있는 논증을 통해 비판적 사고력과 논리력을 키울 수 있다.

토론의 원칙과 태도: 토론은 상대방을 압도하기보다는 더 나은 주장을 탐색하는 과정이다. 이를 위해 상대방의 주장을 공정하게 다루고, 이해 가능성에 중점을 둬야 한다.

효과적인 말하기: 토론 참가자는 청중이 자신의 주장을 쉽게 이해할 수 있도록 명확하고 강조된 방식으로 말해야 한다. 이는 토론의 준비 정도와도 밀접한 관련이 있다.

학습 활동 27 ▶

2 토론의 준비 과정

토론을 준비하기 위해서는 다음과 같은 단계를 거쳐야 한다.

❶ 자료 조사 및 준비

토론의 효과적인 준비는 충분한 자료 조사와 체계적인 자료 준비에 달려 있다. 이 과정은 토론자가 주장을 논리적이고 설득력 있게 제시하는 데에 필수적이다.

❷ 관련 자료 수집

다양한 자료원 활용: 주제와 관련된 학술 논문, 신문 기사, 관련 기관의 보고서, 통계자료 등을 광범위하게 수집한다.

시의성과 관련성: 최신의 정보와 주제와 밀접하게 관련된 자료를 중심으로 수집한다.

기후 변화: 최신 기후 변화 보고서, 기후 변화에 대한 정부 정책, 과학자들의 연구 논문 등을 수집한다.

인공 지능 윤리: 인공 지능 관련 최근 법적 규제 변화, 윤리적 문제를 다룬 학술 논문, 기술 발전에 대한 전문가 의견 등을 수집한다.

❸ 자료의 분석과 정리

중요 정보 추출: 수집된 자료에서 핵심적인 정보, 주장, 증거를 추출한다.

체계적 정리: 추출한 정보를 주제의 쟁점과 연관하여 체계적으로 정리한다.

기후 변화: 기후 변화의 영향, 대응 전략, 정책 제안 등의 중요한 요소를 분석하고 정리한다.

인공 지능 윤리: 인공 지능의 사회적 영향, 윤리적 딜레마, 기술 발전에 대한 다양한 견해를 분석한다.

❹ 논리적 근거 마련

주장의 근거 확립: 토론에서 제시할 주장에 대한 논리적이고 객관적인 근거를 마련한다.

근거의 타당성 검증: 근거가 되는 자료의 신뢰성, 타당성을 검토한다.

기후 변화: 기후 변화 대응에 대한 다양한 국가의 성공 사례, 과학적 연구 결과를 근거로 사용한다.

인공 지능 윤리: 인공 지능의 윤리적 사용에 대한 전문가 의견, 사례 연구를 근거로 삼는다.

주의점

자료의 한정성과 편향성: 한정된 자료 출처나 편향된 시각에서 수집된 자료는 토론의 균형을 해칠 수 있다.

정보의 과부하: 너무 많은 정보로 인해 핵심 쟁점에 집중하지 못하는 문제가 발생할 수 있다.

팁

다양한 출처의 자료 활용: 다양한 관점과 출처의 자료를 수집하여 균형 잡힌 정보를 확보한다.

정보의 핵심적 요소 식별: 수집된 자료 중에서 주제와 가장 밀접하고 중요한 정보에 집중한다.

체계적인 정리와 분석: 수집된 자료를 주제의 쟁점에 따라 체계적으로 분류하고 정리한다.

❺ 토론 전략 수립

토론에서 성공하기 위해서는 체계적인 토론 전략을 수립하는 것이 중요하다.

① 주장의 명확화

입장 정리: 자신의 주장과 입장을 명확하고 간결하게 정리한다.

주장의 근거 마련: 주장에 대한 논리적 근거를 명확하게 제시한다.

 예시

입장 정리

기후 변화 대응: "기후 변화는 현재 우리가 직면한 가장 시급한 문제입니다. 정부는 탄소 배출을 줄이기 위한 강력한 정책을 즉시 시행해야 합니다."

온라인 교육 체제: "코로나19 팬데믹을 계기로, 온라인 교육은 전통적인 교육 방식을 효과적으로 보완할 수 있는 중요한 수단입니다."

주장의 근거 마련

기후 변화 대응: "과학적 연구에 따르면, 지속 가능한 에너지원으로의 전환은 장기적으로 경제에 긍정적인 영향을 미칩니다."

온라인 교육 체제: "최근 연구에 따르면, 온라인 학습은 학생들에게 유연성을 제공하고, 다양한 학습 자원에 접근할 기회를 증가시킵니다."

---

② 반박 준비

상대방 주장 분석: 상대방의 주장을 분석하고, 가능한 반박점을 식별한다.

반박 근거 준비: 반박할 때 사용할 근거와 논리를 준비한다.

예시

상대방 주장 분석

기후 변화 대응 반대: "기후 변화 대책은 경제에 부담을 준다고 주장하는 사람들이 있습니다."

온라인 교육 반대: "일부는 온라인 교육이 학생들의 사회적 상호작용을 저하한다고 주장합니다."

반박 근거 준비

기후 변화 대응 반대에 대한 반박: "장기적인 관점에서 볼 때, 환경 보호 정책은 지속 가능한 경제 성장을 촉진하고 새로운 일자리를 창출합니다."

온라인 교육 반대에 대한 반박: "현대 기술은 온라인상에서도 충분한 상호작용과 협업 기회를 제공합니다."

③ 질문과 대응 전략

예상 질문 리스트 작성: 토론 과정에서 나올 수 있는 질문들을 예측하고 리스트를 작성한다.

대응 전략 개발: 각 질문에 대한 답변과 대응 전략을 사전에 준비한다.

 예시

예상 질문 리스트 작성

기후 변화 대응에 대한 질문: "기후 변화 대책이 단기적 경제에 미치는 영향은 무엇인가요?"

온라인 교육에 대한 질문: "온라인 교육이 전통적인 교육 방식을 완전히 대체할 수 있나요?"

대응 전략 개발

기후 변화 대응에 대한 대응: "단기적으로 일부 산업에 영향을 미칠 수 있지만, 장기적으로는 경제적 지속 가능성과 새로운 산업의 발전을 가져올 것입니다."

온라인 교육에 대한 대응: "온라인 교육은 전통적인 교육을 대체하기보다는 보완하는 역할을 하며, 교육의 접근성과 유연성을 높입니다."

 주의점

주장의 모호성: 명확하지 않은 주장은 청중의 이해를 방해하고 토론의 효과를 저하한다.

반박 준비 부족: 상대방의 주장에 대한 충분한 반박 준비가 되어 있지 않으면, 토론에서 불리한 상황에 처할 수 있다.

질문에 대한 대응 미흡: 예상치 못한 질문에 적절히 대응하지 못하면 토론의 흐름을 잃을 수 있다.

 팁

주장을 명확하고 간결하게 표현: 주장을 명확히 하고 간결하게 표현하여 청중이 쉽게 이해할 수 있도록 한다.

상대방 주장에 대한 철저한 분석: 상대방의 주장을 면밀히 분석하고 강력한 반박 근거를 준비한다.

다양한 질문에 대한 대비: 가능한 모든 질문에 대한 답변을 준비하고 유연한 대응 전략을 수립한다.

⑥ 발표 연습

토론의 성공은 단순히 좋은 주장과 근거만으로 이루어지지 않는다. 효과적인 발표 기술과 비언어적 소통 능력 또한 중요한 역할을 한다. 이를 위해 발표 연습 단계는 필수적이다.

① 발표 스크립트 작성

주장과 근거 기반: 자신의 주장과 근거를 바탕으로 구체적인 발표 내용을 작성한다.

구조화된 스크립트: 발표 스크립트는 논리적이고 체계적인 구조를 가져야 한다.

예시

기후 변화 대응 발표: "오늘 제가 말씀드릴 주제는 기후 변화 대응의 중요성과 필요한 정책 방향입니다. 우선 기후 변화의 현재 상황을 살펴보겠습니다. 그 후, 필요한 대책과 정책을 제안하겠습니다."

온라인 교육 발표: "저는 오늘 온라인 교육의 장점과 이를 통해 우리가 어떻게 교육의 질을 향상시킬 수 있는지에 대해 이야기하겠습니다."

주의점

내용의 불확실성: 스크립트에 대한 충분한 연습 없이 발표를 하게 되면 주저하거나 내용을 잊을 위험이 있다.

비언어적 소통 부족: 제스처, 눈 맞춤 등 비언어적 요소를 간과하면, 발표의 효과가 감소할 수 있다.

팁

철저한 준비와 연습: 발표 스크립트를 충분히 숙지하고, 여러 번 연습하여 내용을 자연스럽게 전달할 수 있도록 한다.

비언어적 요소의 적극 활용: 발표 시 몸짓, 제스처, 눈 맞춤을 의식적으로 사용하여 청중과의 연결감을 높이고 메시지의 전달력을 강화한다.

🖋 토론 개요서 작성

　토론 개요서는 토론자가 자신의 주장과 근거를 체계적으로 구성하고 효과적으로 전달하기 위해 중요하다. 발표 스크립트의 기본 틀을 마련하고, 토론의 핵심 주제와 주요 논점을 명확히 할 수 있다.

토론 개요서
팀원(소속, 학번, 성명)

논제		
용어 정의		
배경 상황		
쟁점 1	논점	
	근거	
	예상 반론	
쟁점 2	논점	
	근거	
	예상 반론	
쟁점 3	논점	
	근거	

예 상 반 론	

 용어 정의

목적: 토론 주제에 대한 명확한 이해와 범위 설정.

방법: 토론 주제의 핵심 용어와 개념들을 정의하고, 이에 대한 합의 도출.

예시: "소셜 네트워킹 서비스(SNS)의 규제" 주제에서 "규제"의 의미와 범위, SNS의 정의를 명확히 한다. 구체적으로, 규제의 유형(콘텐츠 필터링, 사용자 데이터 보호 등)을 정의한다.

보충: 각 용어의 법적, 사회적, 기술적 정의를 고려하고, 관련된 사례나 최근의 이슈를 참조하여 용어의 의미를 깊이 있게 탐색한다.

 배경 상황

목적: 토론 주제의 사회적 맥락과 중요성 이해.

방법: 주제와 관련된 최근 사건, 정책 변화, 사회적 트렌드 등을 조사하여 약술.

예시: "SNS 규제" 주제에 대해, 최근 개인정보 유출 사건, 가짜 뉴스의 확산, 정부의 규제 정책 변화 등을 탐색한다.

보충: 다양한 소스(신문, 학술지, 기술 분석 보고서 등)를 활용하여 주제에 대해 조사한다. 다양한 질문에 대한 대비: 가능한 모든 질문에 대한 답변을 준비하고 유연한 대응 전략을 수립한다.

목적: 토론의 핵심 쟁점을 분명히 하고, 논의의 방향 설정.

방법: 주제와 관련된 핵심 쟁점을 식별하고, 이를 중요도에 따라 배열.

예시: "SNS 규제" 주제에서는 '개인정보 보호', '표현의 자유', '가짜 뉴스의 방지', '사용자의 데이터 보안' 등을 주요 쟁점으로 설정한다.

보충: 각 쟁점에 대한 구체적인 근거를 준비하고, 상대방이 제시할 수 있는 반론에 대한 대응 전략을 마련한다.

목적: 논점을 뒷받침하는 강력한 근거 제시.

방법: 논점에 대한 통계자료, 전문가 의견, 사례 연구, 역사적 사례 등을 활용.

예시: "SNS 규제" 주제에 대해, 관련 정책의 효과성을 보여주는 국내외 사례, 사용자 데이터 보호에 관한 전문가 의견, 통계자료 등을 제시한다. 예를 들어, 다른 국가에서 시행된 SNS 규제의 성공 사례나 실패 사례를 분석하고, 이러한 규제가 사용자의 사생활 보호에 어떻게 기여했는지 설명한다.

보충: 제시된 근거의 출처와 해당 근거가 주장을 뒷받침하는 방식을 명확히 하며, 근거의 신뢰성과 주제와의 직접적인 관련성을 강조한다.

3 토론의 단계

토론 단계는 주로 다양하나 '입론 – 교차 질의 – 최종발언'으로 구성할 수 있다. 하나의 주제로 진행되는 토론 시간은 교차 질의 시간을 조정하여 탄력적으로 운영할 수 있다.

순서	발언자
입론(기조연설) 팀별 1분 (총 2분)	찬성팀 토론자 1명
	반대팀 토론자 1명
교차 질의(자유토론) 탄력적으로 시간 조절	찬성/반대팀 모두
최종발언 팀별 1분 (총 2분)	찬성팀 발언자 1명
	반대팀 발언자 1명

찬성과 반대는 서로 번갈아서 순서대로 입론과 최종발언을 한다. 이와 같은 방식으로 팀별로 3, 4인의 토론이 진행이 된다. 수업 시간에는 형식을 자유롭게 하여 추가로 청중들이 참여하는 자유토론을 진행할 수 있다.

❶ 입론

입론은 토론의 시작부에서 자신의 입장을 분명히 하고 논점을 제시하는 첫 단계이다. 이 단계는 토론의 기반을 마련하며, 찬성 또는 반대 팀이 자신의 주장을 효과적으로 전달하는 데 중요한 역할을 한다.

① 서론 구성

주제 소개: 토론의 주제를 명확히 하고, 왜 이 주제가 중요한지에 대해 간략히 설명한다.

용어 정의: 토론 주제와 관련된 핵심 용어들을 명확히 정의하여, 모든 참가자가 혼동하지 않도록 한다.

현황 제시: 주제와 관련된 현재의 상황이나 배경을 간략하게 설명한다. 이는 토론의 맥락을 설정하는 데 도움이 된다.

입장 설명: 자신의 입장을 명확히 제시하고, 토론을 통해 무엇을 주장하려고 하는지를 밝힌다.

② 본론 구성

논거 제시: 자신의 입장을 뒷받침할 수 있는 두세 개의 강력한 논거를 제시한다.

주장 강화: 각 논거에 대해 구체적인 예시, 데이터, 연구 결과, 전문가 의견

등을 활용하여 주장을 강화한다.

논리적 전개: 논거를 논리적으로 배열하여 주제에 대한 깊이 있는 이해를 보여준다.

③ 결론 구성

논거 요약: 지금까지 제시한 논거를 간략히 요약하고 정리한다.

입장 재선언: 토론 주제에 대한 자신의 입장을 강조하며 결론을 내린다.

향후 기대: 토론을 통해 얻고자 하는 결과나 기대하는 변화를 밝힌다.

---

① 발언 시작하기

표현 방법:

"안녕하십니까, 저는 [팀명 또는 이름]의 대표로서 [찬성/반대] 측의 입장을 말씀드리겠습니다."

"이번 토론의 주제는 [주제]입니다. 저희 팀은 이 주제에 대해 [찬성/반대]합니다."

예시

"안녕하십니까, 저는 논쟁자들 팀의 대표로서 오늘의 주제인 '온라인 수업의 효과성'에 대해 반대 측의 입장을 말씀드리겠습니다."

② 핵심 용어 정의하기

표현 방법:

"토론 주제에서 언급된 [용어]는 [정의]를 의미합니다."

"[용어]에 대해 설명해 드리자면, 이는 [설명]을 가리킵니다."

예시

"토론 주제에서 언급된 '지속 가능한 발전'은 환경, 사회, 경제적 측면을 고려한 장기적인 발전을 의미합니다."

③ 현재 상황을 설명하기

표현 방법:

"현재 [주제와 관련된 현상]에 대한 사회적 관심이 높아지고 있습니다."

"최근 [현상]에 대한 논의가 활발히 이루어지고 있으며, 이는 [이유] 때문입니다."

"현재 온라인 수업의 질과 효과에 대한 사회적 관심이 높아지고 있습니다. 이는 코로나19 팬데믹으로 인한 비대면 교육의 증가 때문입니다."

④ **입장 밝히기**

표현 방법:

"이 주제에 대해 저희 팀은 [찬성/반대] 입장을 취하고 있습니다."

"저는 개인적으로 [주제]에 [찬성/반대]합니다, 그 이유는 다음과 같습니다."

"이 '온라인 수업의 효과성' 주제에 대해 저희 팀은 강력히 반대합니다. 온라인 수업이 학생들의 학습에 미치는 부정적 영향 때문입니다."

⑤ **논거 제시하기**

표현 방법:

"우선 첫 번째 논거는 [논거]. 이는 [근거]에 기반합니다."

"두 번째로, [논거]를 들 수 있습니다. 여기에 대한 근거는 [근거]가 있습니다."

"우선 첫 번째 논거는 온라인 수업이 학생들의 집중력 저하를 초래한다는 점입니다. 이는 여러 학술 연구에서 밝혀진 사실입니다."

⑥ **논거 정리하기**

표현 방법:

"오늘 제시한 논거를 요약하자면, 첫째 [논거1], 둘째 [논거2], 셋째 [논거3] 등입니다."

⑦ **입장 재선언하기**

표현 방법:

"따라서 저는 이 주제에 대해 [찬성/반대]합니다. [주제]에 대한 저희 팀의 입장은 명확합니다."

"따라서 저는 '온라인 수업의 효과성'에 대해 반대합니다. 온라인 수업이 학생들에게 제공하는 교육의 질이 오프라인 수업에 비해 현저히 낮다는 것이 저희 팀의 입장입니다."

학습 활동 28

② 교차 질의

교차 질의는 토론의 중심적인 부분으로서 찬성과 반대 팀이 서로의 주장과 논거에 대해 질문하고 답변하는 과정이다. 이 단계는 토론의 심층적인 분석과 비판적 사고를 촉진하며, 각 팀의 주장을 검증하고 논리적인 근거를 강화하는 데 중요한 역할을 한다.

① 질문 준비 및 전략 설정

각 팀은 상대방의 입론에 대한 질문을 준비한다. 이때 질문은 상대방의 주장에서 약점을 찾아 지적하거나 논리적 결함을 드러내는 데 초점을 맞춘다. 질문은 명확하고, 구체적이며 주제에 직접적으로 관련되어야 한다.

② 질문 순서

질문은 보통 찬성 팀과 반대 팀이 번갈아 가며 진행된다. 각 팀은 한 번에 하나의 질문을 하고, 상대 팀은 이에 답변한다.

③ 답변 전략

답변은 질문에 대해 명확하고 직접적이어야 하며, 가능한 한 자신의 주장을 뒷받침하는 근거를 포함해야 한다. 답변 시간은 제한되어 있기 때문에 간결하고 핵심적인 정보를 전달하는 것이 중요하다.

④ **시간 관리**

교차 질의는 제한된 시간 내에 진행되므로, 효율적인 시간 관리가 필수적이다. 각 질문과 답변은 짧고 핵심적인 내용으로 구성하여, 다양한 쟁점에 대해 폭넓게 토론할 수 있도록 한다.

학습 활동 29

① **내용을 확인하는 질문 방법**

표현 방법:

"방금 제시하신 주장에 대해 좀 더 상세한 설명을 해 주실 수 있습니까?"

"귀하가 언급한 [논거/주장]의 주요 요점을 다시 한번 강조해주실 수 있나요?"

예시

"방금 '온라인 수업으로 인한 학습 격차 증가'에 대해 언급하셨습니다. 이를 좀 더 상세히 설명해 주실 수 있습니까?"

② **반박하는 질문 방법**

표현 방법:

"귀하의 주장에 대한 [반대 증거/연구 결과]를 어떻게 해석하십니까?"

"[특정 주장/논거]에 대해 제기되는 일반적인 문제점에 대해 어떻게 생각하십니까?"

예시

"온라인 수업이 학생들의 사회적 상호작용을 충분히 제공한다고 하셨는데, 이에 반대하는 여러 연구가 있습니다. 이에 대해 어떻게 반응하시겠습니까?"

③ **우리 측 논거에 대한 견해를 묻는 질문 방법**

표현 방법:

"저희 측에서 제시한 [논거/주장]에 대해 어떻게 생각하십니까?"

"저희가 언급한 [특정 주제]에 대한 귀하의 의견을 듣고 싶습니다."

<예시>

"저희가 언급한 '온라인 수업에서의 학생 참여도 문제'에 대해 반대 측의 의견은 무엇입니까?"

④ **출처를 확인하는 질문 방법**

표현 방법:

"귀하가 인용한 [자료/통계]의 정확한 출처를 알려주실 수 있습니까?"

"귀하의 주장을 뒷받침하는 [연구/보고서]의 출처는 어디인가요?"

<예시>

"온라인 수업이 학습 효과를 높인다는 통계자료의 출처를 밝혀주실 수 있습니까?"

⑤ **용어를 확인하는 질문 방법**

표현 방법:

"귀하가 사용한 [특정 용어]의 정의를 명확히 해 주실 수 있습니까?"

"[용어]에 대해 구체적인 설명을 해 주실 수 있나요?"

<예시>

"방금 '비대면 상호작용'이라는 용어를 사용하셨습니다. 이 용어가 온라인 수업 맥락에서 어떤 의미를 가지는지 설명해 주실 수 있습니까?

❸ **최종발언**

최종발언은 토론의 마무리 단계로, 각 팀이 자신들의 주장을 강조하고, 토론 과정에서 제기된 주요 쟁점을 정리한다. 이 단계는 토론의 핵심 내용을 요약하고, 자신의 입장을 최종적으로 재확인하는 역할을 한다.

① **주장의 강조**

각 팀은 자신들의 주요 주장을 분명하고 강조된 방식으로 재차 제시한다.

교차 질의 과정에서 제기된 주요 논점과 반론에 대해 응답하며, 자신의 주장을 더욱 명확히 한다.

② 쟁점 정리

토론 과정에서 논의된 중요한 쟁점들을 요약하고 정리한다.

상대방의 주장과 자신의 주장 사이의 차이점을 명확히 하며, 왜 자신의 입장이 더 타당한지 강조한다.

③ 결론 제시

토론에서의 자신의 주장을 종합하여 결론을 제시한다.

주제에 대한 자신의 입장을 재확인하며, 마지막으로 강력한 메시지를 전달한다.

④ 향후 기대 및 제언

토론의 주제와 관련하여 향후 기대되는 결과나 제언을 제시한다.

토론을 통해 얻은 교훈이나 더 나아가야 할 방향에 대해 언급한다.

---

① 발언 시작하기

"이번 토론에서 저희 팀은 [찬성/반대] 입장을 견지해왔습니다. 이제 저희의 최종적인 생각을 말씀드리겠습니다."

"오늘의 주제인 [주제]에 대해 저희 팀은 다음과 같은 결론에 도달했습니다."

② 주장한 논거 제시하기

"저희는 [논거1], [논거2], [논거3] 등을 근거로 주장을 펼쳤습니다."

"토론 동안 저희는 [주제]와 관련하여 [주요 논점]에 초점을 맞추어 주장을 펼쳤습니다."

③ 가장 중요한 논거 밝히기

"오늘 토론에서 저희가 가장 강조하고 싶은 논거는 [핵심 논거]입니다."

"이 중에서도 특히 [핵심 논거]는 저희의 입장을 명확히 하는 데 중요합니다."

④ 상대측의 반박 내용 밝히기

"상대 팀은 저희의 주장에 대해 [상대방의 주장]으로 반박하였습니다."

"이에 대해 상대 팀은 [상대방의 논점](이)라는 점을 제시하며 우리의 주장을 문제 삼았습니다."

⑤ 상대측 주장의 문제점

"그러나 우리는 이러한 반박에 [문제점 지적]을 통해 응답했습니다."

"상대방의 주장은 [문제점]에서 심각한 결함을 보이고 있음을 지적했습니다."

⑥ 적절한 비유나 사례 제시

"이와 같은 상황은 [비유/사례]에서 볼 수 있듯이, [결론적인 의미]를 갖습니다."

"[사례]를 통해 볼 때, 우리의 주장이 [논점]에 얼마나 부합하는지 분명해집니다."

⑦ 발언 마무리하기

"이에 근거하여, 저희는 [주제]에 대해 [찬성/반대]하는 결론을 내렸습니다. 여러분의 고민에 도움이 되길 바랍니다."

"이상으로 저희의 최종발언을 마칩니다. 오늘 토론에 참여해주신 모든 분께 감사드립니다."

발표하기

1 발표하기란?

발표하기는 프레젠테이션을 통해 그림, 사진, 도표, 동영상 등 여러 매체를 종합적으로 활용하여 말하는 방식으로, 회의, 심포지엄, 강연, 대학 수업, 학회 발표, 기업의 신입사원 채용, 제안서, 기획안, 보고서 발표 등 다양한 상황에서 사용된다.

✍ **발표를 잘하는 친구나 강사를 본 적이 있습니까? 그 사람의 프레젠테이션은 다른 사람과 어떤 점에서 다릅니까?**

---

❶ 프레젠테이션을 할 때 주의할 점

① 내용의 명확성과 간결성

횡설수설하지 않고 구체적이고 분명한 언어를 사용하여 발표 내용을 전달해야 한다. 복잡한 어휘나 추상적인 표현은 피하고 청중이 쉽게 이해할 수 있는 명확하고 간결한 언어를 사용해야 한다.

② 적절한 목소리와 억양

발표 중에는 중얼거림이나 고성, 그리고 처음부터 끝까지 같은 톤을 피해야 한다. 적절한 억양과 강세를 사용하여 중요한 부분을 강조하고 청중의 주의를 끌어야 한다.

③ 청중과의 시선 교환

청중을 보지 않고 허공이나 원고만 보는 것은 피해야 한다. 청중과 눈을 맞추며 시선을 교환하는 것이 중요하다. 이는 청중의 집중력을 높이고 발표자가 자신감 있어 보이게 한다.

④ 적절한 몸짓과 제스처

얼굴, 머리 만지기, 상체나 발 떨기, 내용과 관계없는 과잉된 몸짓을 피해야 한다. 손은 제2의 입으로, 손짓이 머리 위나 허리 아래로 내려가지 않도록 하며 크고 분명하게 말에 맞추어 자연스럽게 사용해야 한다.

⑤ 단정한 외모와 복장

단정한 몸가짐과 행사 성격에 맞는 복장을 갖추어야 한다. 이는 발표자의 신뢰성을 높이고 청중에게 좋은 인상을 줄 수 있다.

⑥ 시간 관리

발표 시간을 철저히 관리하여 주어진 시간 내에 모든 내용을 효과적으로 전달해야 한다. 시간을 초과하지 않도록 주의하며 중요한 내용을 중심으로 발표를 구성한다.

2 프레젠테이션의 준비 과정

❶ 주제와 목표 선정

프레젠테이션을 기획할 때 가장 먼저 고려해야 할 것은 주제와 목표를 명확하게 설정하는 것이다. 주제는 프레젠테이션의 전체적인 방향을 결정하며 목표는 프레젠테이션을 통해 청중에게 전달하고자 하는 핵심 메시지나 성과를 의미한다.

① 주제 선정

- 관심과 흥미 유발: 청중의 관심을 끌 수 있는 주제를 선택해야 한다. 이를

위해 청중의 배경, 관심사, 기대 등을 파악하는 것이 중요하다.

　- 명확하고 구체적인 주제: 주제는 명확하고 구체적이어야 한다. 주제가 모호하면 청중이 내용을 이해하기 어려워질 수 있다. 예를 들어, '효과적인 의사소통 방법'보다 '비언어적 요소를 활용한 효과적인 의사소통 방법'이 더 구체적이고 명확하다.

　- 시의성: 주제는 현재 시점에서 중요하게 다루어지는 문제나 이슈와 관련이 있어야 한다. 시의성이 있는 주제는 청중의 관심을 더 끌 수 있다.

② 목표 설정

　- 명확한 목표: 프레젠테이션의 목표를 명확히 설정해야 한다. 목표는 청중에게 전달하고자 하는 정보, 설득하고자 하는 내용, 행동을 유도하고자 하는 것 등을 포함할 수 있다.

　- 실현 가능한 목표: 목표는 현실적이고 실현 가능해야 한다. 지나치게 높은 목표를 설정하면 달성하기 어려울 수 있으며, 이는 프레젠테이션의 효과를 떨어뜨릴 수 있다.

　프레젠테이션의 주제와 목표를 설정한 후에는 이를 바탕으로 프레젠테이션의 전체적인 구조와 내용을 계획한다. 이를 통해 프레젠테이션의 흐름을 체계적으로 구성할 수 있으며, 청중에게 효과적으로 메시지를 전달할 수 있다.

`예시`

주제: "환경 보호를 위한 개인의 역할"

목표: "청중에게 환경 보호의 중요성을 알리고 일상에서 실천할 수 있는 구체적인 방법을 제시하여 청중이 프레젠테이션 이후 환경 보호 활동을 실천하게 한다."

❷ 대상 청중의 분석

　프레젠테이션을 성공적으로 기획하기 위해서는 대상 청중의 분석이 필수적이다. 청중의 특성과 요구를 이해하면 그에 맞춘 내용을 준비하고 효과적인 전달 방식을 사용할 수 있다.

① 청중의 특성 분석

- 인구통계학적 특성: 청중의 연령, 성별, 직업, 교육 수준 등을 파악한다. 예를 들어, 대학생을 대상으로 하는 프레젠테이션과 직장인을 대상으로 하는 프레젠테이션은 접근 방식이 다를 수 있다.

- 배경지식 수준: 청중이 프레젠테이션 주제에 대해 얼마나 알고 있는지를 파악한다. 주제에 대한 배경지식이 부족한 청중에게는 기본적인 개념부터 설명해야 하고, 전문가들을 대상으로 할 때는 더 깊이 있는 내용을 다룰 수 있다.

- 관심사와 필요: 청중이 어떤 관심사와 필요를 가지고 있는지를 이해한다. 이를 통해 청중이 중요하게 생각하는 점을 중심으로 내용을 구성할 수 있다.

② 청중의 기대 분석

- 목적과 기대: 청중이 프레젠테이션에서 무엇을 얻고자 하는지 파악한다. 정보 제공, 문제 해결, 설득 등의 목적을 가지는지 확인한다.

- 문제와 해결책: 청중이 직면한 문제와 그에 대한 해결책을 찾고 있는지를 분석한다. 예를 들어, 환경 보호에 관심이 많은 청중이라면, 구체적인 실천 방법을 제시하는 것이 효과적일 수 있다.

- 피드백과 반응: 청중의 피드백과 반응을 예측하여 이에 대비한다. 청중이 어떤 질문을 할 가능성이 높은지, 어떤 부분에서 반론을 제기할 수 있을지 고려한다.

③ 청중의 감정적 요인 분석

- 태도와 가치관: 청중의 태도와 가치관을 이해한다. 예를 들어 환경 보호에 대한 가치관이 높은 청중에게는 환경 보호의 중요성을 강조하는 것이 효과적이다.

- 감정적 상태: 청중의 감정적 상태를 고려한다. 청중이 주제에 대해 긍정적인 감정을 가지고 있는지, 부정적인 감정을 가지고 있는지를 파악하여 그에 맞춘 접근 방식을 사용한다.

- 관심과 동기: 청중의 관심과 동기를 유발할 수 있는 요소를 찾는다. 흥미로운 사례나 이야기, 시각적 자료 등을 활용하여 청중의 관심을 끌고 동기를 부여한다.

④ 청중의 행동 분석

- 행동 패턴: 청중의 행동 패턴을 이해한다. 청중이 어떤 방식으로 정보를 소비하는지, 어떤 형태의 프레젠테이션에 더 반응하는지를 파악한다.
- 참여도: 청중의 참여도를 예측한다. 청중이 얼마나 적극적으로 참여할 것으로 예상되는지 질문이나 토론에 얼마나 참여할지 등을 고려하여 프레젠테이션을 계획한다.
- 행동 변화: 프레젠테이션을 통해 청중에게 유도하고자 하는 행동 변화를 명확히 한다. 예를 들어 환경 보호 활동을 독려하기 위해 구체적인 실천 방안을 제시하고 이를 통해 행동 변화를 유도한다.

예시

청중: 대학교 환경 동아리 회원

인구통계학적 특성	대부분 20대 초반의 대학생, 환경 보호에 관심이 많음.
배경지식 수준	환경 보호에 대한 기본적인 지식을 가지고 있으며 더 깊이 있는 정보를 원함.
관심사와 필요	구체적인 실천 방법과 사례를 알고 싶어하며 환경 보호 활동에 직접 참여하고자 함.
태도와 가치관	환경 보호에 대한 강한 가치관을 가지고 있으며 적극적으로 실천하고자 함.
행동 변화	프레젠테이션 이후 구체적인 환경 보호 활동에 참여하도록 유도함.

❸ 내용의 구조화

프레젠테이션의 내용을 체계적으로 구조화하는 것은 메시지 전달의 효과를 높이는 중요한 요소이다. 체계적인 구조는 청중이 내용을 쉽게 이해하고 기억할 수 있도록 도와준다.

① 도입(Introduction)

- 흥미 유발: 청중의 관심을 끌기 위해 흥미로운 사실, 질문, 인용문, 이야기

등을 사용한다. 예를 들어, 환경 보호에 대한 프레젠테이션이라면 "매년 800만 톤의 플라스틱이 바다로 흘러 들어갑니다"와 같은 충격적인 사실로 시작할 수 있다.

- 목적과 목표 제시: 프레젠테이션의 목적과 목표를 분명히 밝힌다. 청중이 이 프레젠테이션을 통해 무엇을 얻을 수 있는지 설명한다.

- 구조 설명: 프레젠테이션의 전체적인 구조를 간략하게 소개하여 청중이 앞으로 어떤 내용을 기대할 수 있는지 알려준다.

② 본론(Body)

- 주요 내용 구분: 주요 내용을 여러 세부 항목으로 구분한다. 각 항목은 하나의 주요 주제나 논점을 다룬다. 예를 들어, 환경 보호 프레젠테이션의 경우, "플라스틱 오염의 현황", "플라스틱 오염의 영향", "해결 방안" 등으로 나눌 수 있다.

- 논리적 순서: 내용을 논리적인 순서로 배열한다. 일반적으로 문제 제기 → 원인 분석 → 해결 방안의 순서로 진행한다.

- 구체적인 사례와 데이터 사용: 각 항목에서는 구체적인 사례와 데이터를 사용하여 주장을 뒷받침한다. 신뢰할 수 있는 통계, 연구 결과, 실제 사례 등을 활용하여 청중의 이해를 돕는다.

- 시각적 자료 활용: 그래프, 차트, 이미지, 동영상 등 시각적 자료를 활용하여 내용을 보강한다. 시각적 자료는 청중의 관심을 끌고, 복잡한 정보를 쉽게 이해할 수 있도록 돕는다.

- 전환 표현 사용: 항목 간에 자연스럽게 전환할 수 있도록 전환 표현을 사용한다. 예를 들어, "다음으로, 플라스틱 오염이 해양 생태계에 미치는 영향을 살펴보겠습니다"와 같이 연결한다.

③ 결론(Conclusion)

- 내용 요약: 프레젠테이션의 주요 내용을 간략하게 요약한다. 청중이 핵심 메시지를 다시 한번 상기할 수 있도록 돕는다.

- 주장 강화: 프레젠테이션의 주장을 다시 한번 강조한다. 핵심 메시지를 명확히 하여 청중이 기억에 남도록 한다.

- 행동 촉구: 청중이 취해야 할 행동을 구체적으로 제안한다. 예를 들어, "이제 여러분도 플라스틱 사용을 줄이기 위해 개인용 물병을 사용해 보세요"와 같은 구체적인 행동 촉구를 포함한다.

- 마무리 표현: 프레젠테이션을 마무리하는 표현을 사용하여 깔끔하게 끝낸다. 예를 들어, "지금까지 들어주셔서 감사합니다. 궁금하신 내용이 있다면 질문 부탁드립니다."와 같이 마무리한다.

예시

- 주제: "환경 보호를 위한 개인의 역할"

- 도입

  흥미 유발: "여러분은 매년 얼마나 많은 플라스틱이 바다로 흘러 들어가는지 아십니까? 무려 800만 톤입니다."

  목적과 목표: "오늘 우리는 환경 보호의 중요성과 일상에서 실천할 수 있는 구체적인 방법에 대해 알아보겠습니다."

  구조 설명: "먼저 플라스틱 오염의 현황을 살펴보고, 그 영향과 해결 방안에 대해 논의하겠습니다."

- 본론

  항목 1: 플라스틱 오염의 현황:

  데이터: "최근 연구에 따르면, 매년 800만 톤의 플라스틱이 바다로 흘러 들어갑니다."

  시각적 자료: 해양 플라스틱 오염 지도

  항목 2: 플라스틱 오염의 영향:

  사례: "플라스틱 오염으로 인해 해양 생물들이 고통받고 있습니다. 예를 들어 거북이들이 플라스틱을 먹이로 착각하여 먹고 죽는 사례가 많습니다."

  시각적 자료: 피해를 입은 해양 생물 사진

  항목 3: 해결 방안:

해결책: "일상생활에서 플라스틱 사용을 줄이는 방법들을 소개하겠습니다. 개인용
　　　　물병 사용, 장바구니 사용 등이 있습니다."
시각적 자료: 친환경 제품 이미지

– 결론:
내용 요약: "오늘 우리는 플라스틱 오염의 현황, 그 영향, 그리고 해결 방안에 대해
　　　　　알아보았습니다."
주장 강화: "플라스틱 오염 문제는 우리가 모두 함께 해결해야 할 문제입니다."
행동 촉구: "이제 여러분도 플라스틱 사용을 줄이기 위해 작은 실천을 시작해 보세요."
마무리 표현: "들어주셔서 감사합니다. 궁금하신 내용이 있다면 질문 부탁드립니다."
　이처럼 프레젠테이션의 내용을 체계적으로 구조화하면 청중이 내용을 쉽게 따라갈
수 있으며, 핵심 메시지를 효과적으로 전달할 수 있다.

3　프레젠테이션의 평가

❶ 슬라이드 구성

　슬라이드에 중요한 정보가 간결하고 명확하게 정리되었는지 평가한다. 각 슬
라이드는 핵심을 강조하고 필요하면 요약이나 제안을 포함하여 청중이 쉽게 이
해할 수 있도록 한다. 텍스트 크기, 글꼴, 색상 등이 적절하게 사용되어 가독성
이 좋고, 슬라이드 간의 논리적 연결과 흐름이 자연스러운지 확인한다. 또한, 슬
라이드의 디자인이 창의적이고 독창적인지 평가하며, 시각적 요소, 그래픽, 이
미지 등을 효과적으로 사용하여 청중의 주의를 끌고 발표 내용을 기억에 남게
한다. 전체 슬라이드에서 디자인과 레이아웃이 일관성 있게 유지되었는지, 그
래프, 차트, 이미지, 아이콘 등이 적절하고 효과적으로 사용되었는지도 함께 고
려한다.

❷ 주제

　프레젠테이션에서 주제를 제한된 시간 내에 효과적으로 전달했는지 평가한
다. 각 슬라이드와 발표 시간을 적절히 조절하여 주제의 핵심을 강조하고, 청중

이 이해하기 쉽도록 구성한다. 주제를 논리적이고 설득력 있게 전달했는지 확인하며, 주장과 근거를 명확히 제시하고, 관련된 정보와 예시를 사용하여 주제를 강화한다. 또한, 적절한 시각 자료와 그래프를 활용하여 청중의 이해를 돕고, 구체적인 예시와 사례를 통해 주제를 강화했는지 평가한다.

③ 내용

프레젠테이션의 도입 부분이 인상적이고 효과적으로 구성되었는지 평가한다. 도입부에서 청중의 관심을 끌기 위해 흥미로운 내용, 질문, 사실 등을 활용하고, 프레젠테이션의 목적을 분명히 밝혔는지 확인한다. 청중의 기대를 설정하고, 프레젠테이션의 목적과 방향을 명확히 했는지 평가하며, 내용을 논리적으로 조직하고 일관성 있게 전달했는지 확인한다. 주제와 관련된 정보와 사례를 통해 내용을 구성하고, 각 항목을 명확히 설명하며 유기적으로 연결하여 발표를 진행했는지 평가한다. 주제에 대해 충분한 깊이와 폭을 가지고 설명했는지, 프레젠테이션의 마무리 부분이 적절하게 요약되었는지, 중요한 내용을 간결하게 정리하거나 제안했는지, 인상적이고 효과적으로 마무리했는지도 확인한다. 마지막으로, 청중에게 구체적인 행동을 촉구하거나 결론을 명확히 제시했는지 평가한다.

④ 표현

발음, 음성, 속도 등의 발화 요소가 프레젠테이션에 적절히 사용되었는지 평가한다. 명확하고 정확한 발음을 통해 청중이 내용을 쉽게 이해할 수 있도록 하고, 음성의 톤과 강도를 적절히 조절하여 내용의 중요성을 강조하며, 발화 속도를 청중이 따라갈 수 있도록 조절한다. 사용된 언어가 명확하고 이해하기 쉬웠는지, 발표자가 전문적이고 신뢰성 있는 언어를 사용했는지도 평가한다. 시선, 표정, 손동작, 몸짓, 제스처 등이 적절하고 자연스럽게 사용되었는지 평가하며, 비언어적 표현을 통해 청중과 효과적으로 상호작용했는지 확인한다. 발표 태도가 신뢰감과 관심을 줄 수 있도록 적절했는지도 함께 고려한다.

⑤ 상호작용

프레젠테이션이 청중의 흥미를 유발하여 관심과 호응을 얻어내었는지 평가한다. 흥미로운 사례나 예시, 감동적인 이야기 등을 사용하여 청중의 호기심을 자극하고, 시각적 및 청각적 상호작용을 통해 청중의 참여를 유도했는지 확인한다. 청중의 질문을 유도하고 적극적으로 참여하도록 했는지, 청중의 질문에 적절하게 답변했는지도 평가한다. 질문에 대한 이해도를 확인하고, 청중의 의문이나 궁금점에 충분히 답변하며, 추가적인 설명이나 구체적인 예시를 통해 청중의 이해를 도왔는지, 질문에 대한 답변을 명확하고 자신 있게 전달하여 청중에게 신뢰감을 주었는지 평가한다.

학습 활동 30

참고문헌

1. 글쓰기의 방법

1.1. 글쓰기의 준비

강명혜 외, 『(플립러닝 방식에 따른) 창의적 글쓰기와 말하기』, 박이정, 2018.

국립국어원, 『한국어 어문 규정집』, 2018.

글쓰기교재편찬위원회, 『대학글쓰기』, 2021, 경북대학교출판부.

서울대학교 대학글쓰기1 교재편찬위원회 편, 『대학글쓰기1』, 서울대학교 출판문화
    원, 2019.

충남대학교 기초글쓰기교재편찬위원회, 『기초글쓰기: 사고와 표현』, 궁미디어(충남
    대학교 출판문화원), 2019.

1.2. 글쓰기의 과정

김영민, 「성장이란 무엇인가」, 『경향신문』, 2018.04.06.

김지현 · 김재경, 「휴머노이드 로봇의 언캐니(Uncanny) 이미지 연구」, 『기초조형학연
    구』 19(1), 한국기초조형학회, 2018, 149쪽.

신동흔, 『신화, 치유, 인간』, 아카넷, 2023, 27-28쪽, 39쪽.

유발 하라리, 조현욱 역, 『사피엔스』, 김영사, 2020, 47쪽.

1.3. 서술의 여러 방법

마릴린 모라이어티, 정희모 · 김성수 · 이재성 역, 『비판적 사고와 과학 글쓰기』, 연
    세대학교 출판부, 2008.

서울대학교 대학글쓰기1 교재편찬위원회 편, 『대학글쓰기1』, 서울대학교 출판문화
    원, 2019.

조셉 윌리엄스 외, 윤영삼 역, 『논증의 탄생』, 크레센도, 2021.

차봉준 · 한래희 · 손민달 · 박소영, 『대학글쓰기』, 박이정, 2021.

2. 글쓰기의 실제

2.2. 비평적 글쓰기

강유정, 「프롤로그-시작하는 당신에게」, 『영화 글쓰기 강의』, 북바이북, 2019, 6쪽.

김민영·황선애, 『서평 글쓰기 특강-생각 정리의 기술』, 북바이북, 2015.

박유희, 「아파트 공화국의 묵시록」, 『영화평론』 35, 한국영화평론가협회, 2023, 93-96쪽.

소은영, 「내 안의 편견, 구조적 불평등의 인식과 대응」, 『이화젠더법학』 12(1), 이화 여대 젠더법학연구소, 2020, 277-280쪽.

정희진, 「에필로그-다르게 읽기와 '독후감 쓰는 법'」, 『정희진처럼 읽기』, 교양인, 2015, 305쪽.

2.3. 학술적 글쓰기

김성수 외, 『과학기술의 상상력과 소통의 글쓰기』, 박이정, 2013.

김성수 외, 『생각하고 소통하는 글쓰기』, 삼인, 2018.

김영희 외, 『현대사회와 비판적 글쓰기』, 박이정, 2013.

신형기 외, 『모든 사람을 위한 과학글쓰기』, 사이언스북스, 2006.

정희모, 이재성, 『글쓰기의 전략』, 들녘, 2005.

3. 말하기의 기초

Cutlip, Scott M., Center, Allen H., Broom, Glen M., *Effective Public Relations*, 11th, 2013. Reprinted by permission of Pearson Education, Inc., New York, New York.

저자 소개

김상민
| 연세대학교 문학박사(현대문학 전공)
| 현 호남대학교 AI교양대학 교수

김숙정
| 고려대학교 문학박사(국어학 전공)
| 현 호남대학교 AI교양대학 교수

김신정
| 서강대학교 문학박사(고전문학 전공)
| 현 호남대학교 AI교양대학 교수

한승규
| 연세대학교 문학박사(한국어문화교육학, 국어학 전공)
| 현 호남대학교 AI교양대학 교수

사고와 표현

초판발행   2024년 9월 13일
지은이   호남대학교 사고와표현 교재편찬위원회
펴낸이   안종만·안상준

편 집   김다혜
기획/마케팅   박부하
표지디자인   Ben Story
제 작   고철민·김원표

펴낸곳   (주)박영사
               서울특별시 금천구 가산디지털2로 53, 210호(가산동, 한라시그마밸리)
               등록 1959. 3. 11. 제300-1959-1호(倫)
전 화   02)733-6771
f a x   02)736-4818
e-mail   pys@pybook.co.kr
homepage   www.pybook.co.kr
ISBN   979-11-303-2120-2 93710

정 가   15,500원

다음은 인공 지능의 유용성에 대한 글이다. 글의 내용이 잘 드러나도록 단락을 나누어 보자.

인공 지능은 업무 효율성을 높인다. 예를 들어, 금융 기관에서는 대규모의 거래 데이터를 기계 학습 알고리즘에 적용하여 사기 거래를 탐지하고 있다. 이를 통해 이전에는 수작업으로 이뤄지던 거래 패턴 분석과 사기 탐지 작업이 자동화되어 시간과 비용을 절감할 수 있게 되었다. 인공 지능은 의료 분야에서도 유용하게 사용되는데, 유방암 스크리닝 프로그램이 대표적이다. AI가 유방 초음파 이미지를 분석하여 이상 발견을 돕고 있다. 이를 통해 의사들은 더 빠르고 정확한 진단을 내릴 수 있게 되었다. 인공 지능은 개인화된 경험을 제공하는 분야에서도 유용하다. 온라인 쇼핑 플랫폼에서는 사용자의 이전 구매 기록과 검색 키워드를 분석하여 맞춤형 추천을 제공하는 데 인공 지능을 적용하고 있다. 이를 통해 사용자는 자신의 취향과 관심사에 맞는 제품을 더욱 쉽게 발견할 수 있게 되었다. 또한, 학생들의 학습 패턴을 분석하여 개별적인 학습 방법을 제안하는 등 교육 분야에서도 활용되고 있다. 정확한 예측이 필요한 분야에서도 인공 지능이 큰 도움이 된다. 특히 자연재해 예보에서 매우 유용하게 활용되고 있다. 다양한 기상 데이터와 지리 정보를 이용하여 특정 지역의 기상 변화를 예측하고, 이를 바탕으로 자연재해 발생 가능성을 진단하는 것이다. 홍수나 지진, 태풍 등으로 인한 피해의 규모를 줄이는 데 크게 기여하고 있다.

학습 활동 2 ○ ○ ○

중심 문장을 완성하고, 소주제를 드러낼 수 있도록 뒷받침 문장을 작성하여 한 단락을 완성해 보자.

1) 나의 장점은 _____이다.

_____

_____

_____

_____

_____

_____

_____

2) _____

_____

_____

_____

_____

_____

그러므로 우리의 20대에게 가장 중요한 것은 _____이라고 생각한다.

학습 활동 3 ○ ○ ○

1,800자(A4 1장 분량)를 고려하여 조별로 주어진 화제에 대한 글감을 모으고 구체적으로 주제를 만들어 보자.

[보기] "인공 지능과 인간", "기후 위기 속 우리의 할 일" 　　　"슬기로운 대학 생활", "일상 속 혐오와 차별", "미디어 리터러시"
① 조별로 선택한 화제:
② 조별로 글감 모으기:
③ 조별로 글의 주제 정하기:

학습 활동 4

○ ○ ○

조별로 모은 글감과 주제를 바탕으로 개요문을 작성해 보자.

제시된 글의 서론, 본론, 결론을 나누어 보고 각 단계의 내용을 요약해 보자.

　태어남과 동시에 우리는 시간의 강물 속으로 던져진다. 그리고 시간이 흐르며 몸이 자라고 마음이 영글어간다. 흔히 '성장'이라고 부르는 이 사태는 도대체 무엇을 의미하는 것일까?

　먼저, 성장한다는 것은 주변과 자신의 비율이 변화하는 것이다. 성장의 체험 속에서 크기란 상대적이며 가변적이다. 꼬마였을 때, 가로수는 아주 커 보였다. 그러나 자라면서 그 가로수는 점점 작아 보이고 가로수 너머가 보이기 시작한다. 그 확장된 시야 속에서, 한때는 커 보였던 부모 품도, 고향 동네도 점점 작게 느껴진다. 그러다가 마침내 저 멀리 새로운 세계가 눈에 들어오고 나면, 어느 날 문득 떠나게 된다.

　그런 식으로 사람들은 가족을, 옛 친구를, 혹은 자신이 나서 자란 고장을 떠나 새로운 곳으로 나아갔다. 이렇듯 성장은, 익숙하지만 이제는 지나치게 작아져 버린 세계를 떠나는 여행일 수밖에 없다. 익숙한 곳을 떠났기에, 낯선 것들과 마주치게 되고, 그 모든 낯선 것들은 여행자에게 크고 작은 흔적 혹은 상처를 남긴다. 그 상처는 우리를 다시 성장하게 한다. 혹은 적어도 삶과 세계에 대한 이해를 증진시킨다.

　그리하여 이제 세상 이치를 알 만하다고 느낄 무렵, 갑자기 부고를 듣는다. 예상치 못했던 어느 순간, 사랑하거나 미워했던 이의 부고를 듣는다. 무관심할 수 없는 어떤 이의 부고를 듣는다. 이 부고 역시 우리의 시야를 확장시킨다. 이제 삶뿐만 아니라 죽음 이후의 세계까지 시야에 들어오기 시작한다. 그런데 이 부고의 체험은 다른 성장 체험과는 조금 다르다. 그것은 알 것만도 같았던 삶과 세계를 갑자기 불가사의한 것으로 만든다. 그 누가 죽음 이후의 세계에 대해서 낱낱이 알겠는가. 이 세계는 결코 전체가 아니라, 그보다 더 큰 어떤 불가해한 흐름의 일부라는 것을 알게 되는 일, 우리의 삶이란 불가해한 바다 한가운데 떠 있는 위태로운 선박이라는 사실을 알게 되는 일, 이 모든 것이 성장의 일이다.

그렇다면 성장은 무시무시한 것이 아닌가. 그러나 성장은 무시무시하게 확장된 시야와 더불어 심미적 거리라는 선물도 함께 준다. 미학자들이 이야기하듯이, 아름다움을 향유하기 위해서는 거리가 필요하다. 깎아지른 벼랑도 그 바로 앞에 서 있을 때나 무섭지, 멀리서 바라보면 오히려 아름답게 보인다. 풍랑 한가운데 있는 선원들은 공포에 사로잡힐지 모르지만, 멀리서 그 광경을 바라보는 이는 아름다움을 느낄 수도 있다. 그래서 회화사의 걸작 중에는 꽃다발을 가까이에서 묘사한 정물화만 있는 것이 아니라 멀리서 난파선이나 전함을 그린 그림도 있다.

영국 화가 윌리엄 터너의 '전함 테메레르'(1838)라는 그림을 보라. 트라팔가르 전투에서 살아남은 전함 테메레르 호의 선체는 상처로 가득하다. 이 늙은 전함의 마지막 순간을 그릴 때, 터너는 가까이 다가가서 상처투성이의 갑판을 그리지 않고, 대상과 심미적 거리를 유지한다. 그런데 거리를 두어야 아름답게 볼 수 있다고 해서, 대상으로부터 한껏 멀어져 버리기만 해서는 안 된다. 대상으로부터 너무 멀어지면, 그 대상은 작아져 버린 나머지 아예 시야에서 사라져 버리게 된다. 그래서 터너는 전함으로부터 무조건 물리적으로 멀어지기를 택하지 않고, 그 특유의 모호한 붓질을 통해 물리적으로 그다지 멀리 있지 않아도 아련하게 느껴지게끔 전함을 그렸다. 아련하되 그 거리는 물리적 거리가 아니기에, 테메레르 호는 결코 보는 이의 눈을 떠나지 않는다.

우리는 태어나고, 자라고, 상처 입고, 그러다가 결국 자기 주변 사람의 죽음을 알게 된다. 인간의 유한함을 알게 되는 이러한 성장 과정은 무시무시한 것이지만, 그 과정을 통해 확장된 시야는 삶이라는 이름의 전함을 관조할 수 있게 해 준다. 그 관조 속에서 상처 입은 삶조차 비로소 심미적인 향유의 대상이 된다. 이 아름다움의 향유를 위해 꼭 필요한 것은 시야의 확대와 상처의 존재이다.

-김영민, 「성장이란 무엇인가」, 『경향신문』 칼럼.

서론	
본론	
결론	

학습 활동 6

○ ○ ○

다음 내용을 한두 문장으로 요약해 봄으로써 간접 인용을 연습해 보자.

① 뒷담화는 악의적인 능력이지만, 많은 숫자가 모여 협동을 하려면 사실상 필요하다. 현대 사피엔스가 약 7만 년 전 획득한 능력은 이들로 하여금 몇 시간이고 계속해서 수다를 떨 수 있게 해 주었다. 누가 신뢰할 만한 사람인지에 대한 믿을 만한 정보가 있으면 작은 무리는 더 큰 무리로 확대될 수 있다. 이는 사피엔스가 더욱 긴밀하고 복잡한 협력 관계를 발달시킬 수 있다는 뜻이기도 하다.

－유발 하라리,「사피엔스」

유발 하라리의『사피엔스』에 따르면,

_____

_____

_____

_____

_____

② 인간은 처음 어떻게 생겨나서 세상에 존재하게 되었을까? 이 원형적 질문에 대해 세계의 신화는 가지각색의 흥미로운 이야기를 전한다. 구체적인 사연은 다르지만 그 바탕에는 서로 통하는 사유가 있다. 첫손에 꼽을 사항은 인간의 탄생이 신의 작용으로 이루어졌다는 점이다. 신들이 직접 나서서 인간을 빚기도 하며, 신의 뜻에 의해 인간이 태어나기도 한다. 예외는 거의 없다.

−신동흔, 「신화, 치유, 인간」

신동흔은 「신화, 치유, 인간」에서 _____

_____

_____

_____

_____

_____

_____

학습 활동 7

○ ○ ○

다음 제시된 각주들이 순서대로 글의 하단에 달려있다고 가정하고 주석 달기를 연습해 보자. 어느 부분이 잘못되었는지 찾아보자.

---

1) 미르치아 엘리아데, 『신화와 현실』, 한길사, 2020, p.102.

2) 위의 책. p.41.

3) 김치수 · 김성도 · 박인철 · 박일우, 『현대기호학의 발전』, 서울대학교 출판문화원, 2016, p.137.

4) 앞의 책, p.345.

5) 르네 지라르, 김진식 · 박무호 역, 『폭력과 성스러움』, p.20-22.

학습 활동 8

○ ○ ○

1. 다음 어휘들의 의미와 사용된 맥락을 조사해 보고, 자신의 언어로 다시 정의해 보자.

프롤레타리아:

감정노동:

아비투스:

4차 산업:

생성형 인공 지능:

OTT(over the top):

2. 동료와 함께 '올해의 신조어' 중 가장 많이 사용된 어휘의 순위를 매겨
   보자. 그리고 그 각각을 정의해 보고 용례를 하나 이상 찾아 제시해 보자.

순위	신조어	정의 및 용례
1		
2		
3		
4		
5		

학습 활동 9

다음 두 대상 간의 비교, 대조의 구성방식(분리, 교차) 중 하나를 선택하여 다섯 단락 정도의 짧은 글쓰기를 해 보자.

1) ios(아이폰)와 안드로이드(갤럭시)

2) 마블코믹스 원작 영화와 DC 원작 영화

3) 페이스북과 인스타그램

4) (영화 보기) 극장과 OTT

학습 활동 10

1. 자기 주변의 공간, 사물을 하나 정해 두세 단락 정도로 묘사해 보자.

―――――――――――――――――――――――――
―――――――――――――――――――――――――
―――――――――――――――――――――――――
―――――――――――――――――――――――――
―――――――――――――――――――――――――
―――――――――――――――――――――――――
―――――――――――――――――――――――――

2. 자신에게 중요한 특정 인물을 선정하고, 그의 생애를 서사적으로 서술
   해 보자.

―――――――――――――――――――――――――
―――――――――――――――――――――――――
―――――――――――――――――――――――――
―――――――――――――――――――――――――
―――――――――――――――――――――――――
―――――――――――――――――――――――――
―――――――――――――――――――――――――
―――――――――――――――――――――――――
―――――――――――――――――――――――――
―――――――――――――――――――――――――
―――――――――――――――――――――――――

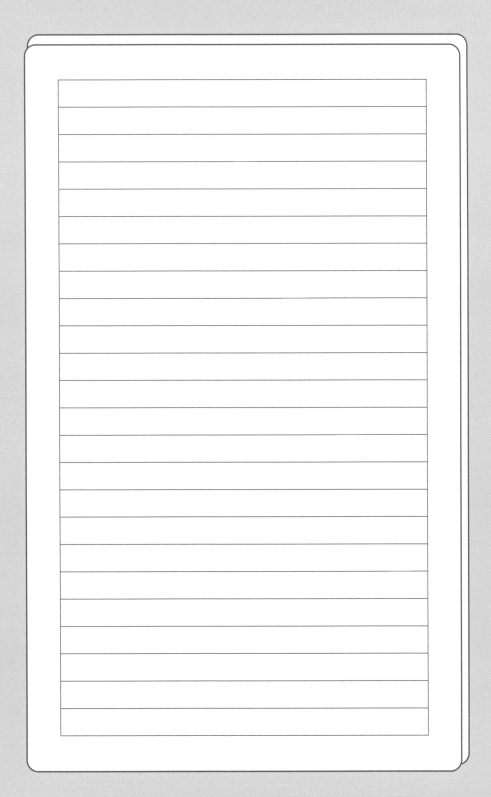

학습 활동 11

1. 논증 구조를 토대로 아래의 표를 채워보자.

> 주장: 촉법소년 제도를 폐지해야 한다.
>
> 이유: 만 14세 미만 청소년들의 범죄가 날로 증가하고 있다.
>
> 근거:
>
> (1)
>
> (2)
>
> (3)

2. 위의 논증과 관련하여 예상되는 반론을 생각해 보고, 이를 다시 반박해 보자.

 −예상되는 반론: _____

_____

_____

 −반박: _____

_____

_____

3. 위 논증의 전제는 무엇인가?

_____

_____

_____

_____

 **학습 활동 12** ○ ○ ○

1. 다음의 예문은 "동물원은 폐지되어야 한다."라는 주장을 담은 학생의 글을 읽어보고 글의 구조를 다시 파악해 보자.

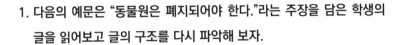

〈인간에게 동물의 자유를 침해할 권리가 있는가〉

얼마 전 '아쿠아플라넷 여수, 벨루가 또 폐사'라는 기사를 읽었다. 2012년 4월 여수 아쿠아플라넷에 반입된 벨루가가 2021년 5월 5월에 폐사했을 뿐만 아니라 이미 지난해 7월에도 수컷 벨루가 루이가 폐사했다는 사실을 기사는 전하고 있었다. 기사에 의하면 벨루가의 평균 수명은 아쿠아리움에 와서 반 가까이 줄어들게 된다고 한다. 단지 인간의 재미를 위해 동물들의 생명이 줄어들고 고통받는 것인데, 이것은 과연 온당한 일일까? 인간의 재미를 위해 고통받는 동물은 벨루가만이 아니라 동물원에 사는 동물 거의 모두가 해당할 것이다. 하지만 우리에게는 동물을 우리의 입맛대로 다룰 권리가 없다. 따라서 "동물을 그들의 습성과 무관한 전시장에 고립하고 사회성을 박탈하는 동물원"[1]은 폐지되어야 한다.

동물원을 없애야 할 첫 번째 이유는 동물원이 동물을 학대하기 때문이다. 동물원은 사회 교육 시설, 오락, 휴식이라는 명목하에 많은 체험이 진행된다. 우리의 입장에서 보면 동물과의 교감이라고 할 수 있지만, 동물에게는 영락없는 학대다. 예를 들어 흔하게 진행되는 동물 만지기 체험에서 동물에게 낯선 사람의 손길은 큰 스트레스로 다가오며 그중 어류는 사람과의 체온 차로 인해 더 큰 영향을 받게 된다. 또 동물에게 먹이를 주는 체험은 동물에게 제한된 먹이만 주다 보니 영양 불균형을 초래할 수 있고, 동물원에서는 동물이 먹이를 잘 먹어야 동물 먹이의 판매 수익이 늘기 때문에 때로는 동물을 굶기기도 한다. 특히 동물들의 묘기를

---

1 조가희, 「동물원에 사는 동물들을 주제로 한 장신구 제작 연구」, 서울대학교 디자인학부 석사논문, 2014, 10쪽.

보여주는 쇼는 가장 명백한 학대이다. '동물 쇼로 인해 동물이 피해를 보는 것도 없지 않냐?'라고 의문을 품을 수도 있다. 하지만 처음부터 자연에 살고 있던 야생 동물에게 묘기를 부리는 등의 훈련을 시키는 것은 그들의 본능을 거스르도록 하는 명백한 학대이다.

동물원이 가진 두 번째 문제는 동물원은 동물의 평균 수명을 단축시킨다는 점이다. 동물들은 처음 동물원으로 이동하면서 죽음의 공포를 느끼게 된다고 한다. 대다수의 동물들은 우리나 수조에 갇혀서 옮겨지는데, 이러한 좁은 공간과 이동과정에서의 진동은 동물들에게 큰 스트레스를 준다고 한다. 야생 동물은 그 공포와 스트레스를 더 심하게 느끼고, 그 결과 동물들은 동물원에 들어오면서 수명이 줄어들게 된다. 평균 수명이 25년이나 되는 야생돌고래는 수족관에 살게 되면서 그들의 수명은 4년 23일 정도로 줄어들게 된다. 또 다른 예로 2011년에 산림청이 중국에서 기증받아 대전 오월드에서 위탁 사육한 백두산 호랑이는 장시간 운송된 지 각각 9일 만에 숨졌다. 이러한 예는 자연에 두었으면 오래 살 수 있었던 동물을 인간의 욕심으로 인해 이른 죽음으로 내몰았다는 것을 보여준다. 우리에게 이들의 생명을 평균 수명을 깎을 권리 따위는 존재하지 않는다.

마지막 문제는 동물원의 동물들이 열악한 환경에서 살아갈 수밖에 없다는 점이다. 동물 복지 기준을 준수하는 동물원은 서울 대공원과 에버랜드 정도로, 이 두 곳을 제외한 많은 동물원의 동물들은 좁고 불편한 철장 속에서 열악하게 살아간다. 하지만 이는 법의 불명확함 때문에 특별한 제제 없이 운영되고 있다. 또한 동물 학대 금지 조항의 경우 "동물원 동물에 대한 보호의 내용도 포함되어 있지 않다. 동물 보호의 소극적인 지침 수준 정도에 머물러"[2]있을 뿐이다. 이러한 제도로는 동물원의 열악한 환경이 쉽게 개선되지 않을 것이다.

처음부터 우리에게 동물을 재밋거리로 이용할 권리는 주어지지 않았다.

---

2 송진영. 「동물보호법제에 관한 법정책적 연구」, 대진대학교 법무행정대학원 석사논문, 2017, 52쪽.

하지만 우리는 인간이라는 이유로 그들을 가둬두고 수명을 깎으며 심하게는 그들을 죽이기도 한다. 동물원 폐지 반대를 주장하는 이들은 동물원을 폐지하면 아이들이 실제로 동물을 볼 기회가 없어지지 않느냐고 하기도 한다. 하지만 이러한 주장 역시 인간의 이기주의를 보여주는 사례에 지나지 않는다. 동물도 철장이 아닌 넓은 자연을 누리며 살아갈 권리가 있다. 사람의 교육 수단으로 태어난 게 아니라는 말이다. 교육적 목적으로 동물을 전시해야 한다면, 동물원을 계속 유지해서 동물의 자유를 침해하는 것보다는 현재 발전하고 있는 AR 기술을 이용해 가상 동물원을 만들어 아이들의 교육을 돕는 것도 좋은 대안이 될 수 있을 것이다.

동물은 처음부터 지금까지 단 한 번도 인간의 소유였던 적이 없다. 하지만 그들은 어쩔 수 없는 상황을 수용하며 살아왔고, 우리는 그들의 아픔을 못 본 척으로 일관하며 동물원을 계속해서 유지해왔다. 이제라도 우리는 그들에게 미안한 마음을 가져야 하며 끝으로 인간의 재밌거리를 위해 그들의 슬픔을 짓밟아버리는 잔인한 동물원을 폐지해야 한다.

✎ 글쓴이가 서론에서 "동물원은 폐지되어야 한다."라고 주장한 배경은 무엇인가?

_____

_____

_____

_____

_____

_____

_____

_____

_____

✎ 글쓴이가 본론에서 내세우고 있는 이유와 근거를 찾아보자. 아쉬운 점이 있다면 이야기해 보자.

이유1) _____
_____

근거1) _____
_____

이유2) _____
_____

근거2) _____
_____

이유3) _____
_____

근거3) _____
_____

✎ 예상 반론에 대해 글쓴이는 어떻게 반박하고 있는가? 그 부분을 찾아 설명해 보자.

_____
_____
_____
_____
_____
_____
_____
_____

2. 평소 자신이 생각하는 사회문제 중 논증하기에 적합한 글의 주제를 찾아보자. 자신이 찾은 문제와 관련하여 아래의 표를 작성해 보고, 한 편의 짧은 글을 완성해 보자.

1) 내가 생각하는 구체적인 사회문제는?
2) 사회문제에 대해 구체적으로 서술하시오.
3) 왜 이 문제에 대해 글을 쓰려고 하는가? (계기, 사건)

4) 이 글을 통해 글쓴이가 하고 싶은 주장을 논증해 보고 이를 토대로 글의 개요를 작성해 보자. (주장, 이유 및 근거(1), (2), (3), 해결책 등등)

학습 활동 13

○ ○ ○

자신의 인생에서 가장 중요했던 순간을 돌아보고, 그 순간이 자신에게 어떤 의미를 갖는지 한 편의 에세이로 완성해 보자.

1. 가족, 동료, 친구 등 주변인이 생각하는 '나'는 어떤 사람일까? 그들에
   게 문자 메시지를 보내서 '나'에 대한 이야기를 들어보자.

2. 나와 가장 관련이 깊은 하나의 대상(사물, 공간, 인물)을 정하고, 그 대상
   이 자신에게 왜 중요한지를 설명하는 글을 한두 단락으로 완성해 보자.

학습 활동 15

○ ○ ○

한 편의 영화를 보고 비평문을 작성해 보자.

1. 영화의 정보 소개하기

① 한 편의 영화를 비평 대상으로 선택하고 관련 정보를 찾아 써 보자.

_____

_____

_____

_____

_____

② 영화의 줄거리를 간략히 요약해 보자.

_____

_____

_____

_____

_____

2. 영화에 대한 의견 제시하기

① 영화의 인상 깊은 장면을 골라 구체적으로 서술해 보자.

_____

_____

_____

_____

_____

_____

_____

② 영화 속 인상 깊은 인물의 행위에 대해 구체적으로 서술해 보자.

_____

_____

_____

_____

_____

_____

③ 선택한 장면과 인물의 의미를 나름대로 해석해 보자.

_____

_____

_____

_____

_____

_____

④ 이 영화에서 주목하고 싶은 점과 추천 이유에 대해서 써 보자.

_____

_____

_____

_____

_____

_____

3. 위의 작성한 내용을 토대로 한 편의 영화 비평문을 써 보자.

학습 활동 16

한 권의 책을 읽고 서평을 써 보자.

1. 책의 정보 정리하기

① 한 권의 책을 서평 대상으로 선택하고 저자 소개를 해 보자.

_____

_____

_____

_____

_____

_____

② 책의 목차를 소개하고 주요 내용을 간략히 요약해 보자.

_____

_____

_____

_____

_____

_____

2. 책에 대한 서평자의 의견 정리하기

① 책의 내용 중 인상 깊은 구절을 찾고 자신의 언어로 설명해 보자.

_____
_____
_____
_____
_____
_____
_____
_____

② 책에 대한 평가를 해 보자. 본인이 생각하는 이 책의 강점(특징)과 추천 이유
를 써 보자.

_____
_____
_____
_____
_____
_____
_____
_____

3. 위의 작성한 내용을 토대로 한 편의 서평을 써 보자.

_____

_____

_____

_____

_____

_____

_____

_____

_____

_____

_____

_____

_____

_____

_____

_____

_____

_____

_____

_____

_____

_____

_____

_____

_____

_____

_____

_____

학습 활동 17

○ ○ ○

1. '한국 대중문화의 이해'라는 강의에서 'K-culture'에 관한 학술적 에세이 쓰기 과제를 받았다고 가정해 보자. 어떤 구체적 대상이나 문화적 현상에 초점을 맞출 것인지를 생각해 보고, 이와 관련된 자신의 주제를 정해 보자.

_____

_____

_____

_____

2. 자신의 주제와 관련하여 관련 자료를 찾아보고, 자신이 인용할 만한 구절 과 그 이유에 대해 서술해 보자.

찾은 자료	
인용	

이유	
인용	
이유	

3. 자신의 주제에 부합하는 글의 구조를 개요를 작성해 보고, 이를 토대로 한
편의 학술적 에세이를 완성해 보자.

글의 논리적 설계

학습 활동 18

아래 두 대화를 비교하고 대화에 필요한 원칙을 생각해 보자.

대화	원칙
가: 우리 팀 프로젝트 어떻게 진행할까?	
나: 난 교수님 말씀대로 해야 한다고 생각해.	
가: 팀원들의 의견도 들어봐야 하지 않을까?	청자 고려
나: 그래, 의견을 들어보자. 혹시 어떤 부분에 대해 다른 생각이 있어?	청자 고려
가: 나는 접근 방식을 새롭게 하고 싶어. 물론, 교수님의 지침을 따르면서도 우리만의 접근 방식을 추가하고 싶어.	명확성, 구체성
나: 좋은 생각이야. (다)는 어떻게 생각해?	
다: 나도 동의해. 우리 프로젝트 계획에 따라 창의성을 강조할 필요가 있어.	일관성
나: 알겠어, 그러면 교수님의 말씀을 따르면서도 우리만의 창의적인 요소를 더욱 추가하는 방향으로 계획을 세우자.	청자 고려, 일관성
라: 좋아. 그런데 보고서 작성 부분에서 정확히 어떤 작업이 남았는지 구체적으로 말해줄 수 있어?	구체성
나: 분석 부분 다시 검토하고, 결론 추가하고, 참고문헌 업데이트해야 해. 그리고 디자인 부분도 조금 더 다듬어야 해.	구체성, 완전성
가: 고마워. 그럼, 남은 작업은 효율적으로 진행하기 위해 각자 맡은 부분을 간결하게 정리해서 공유하자.	간결성, 완전성
나: 좋아, 그렇게 하자. 그럼 (다)는 데이터 분석을 맡고, 나는 결론 부분을 작성할게. 참고문헌과 디자인은 (라)가 맡아줄 수 있어?	정확성, 명확성
라: 응, 문제없어. 모두가 각자 맡은 부분을 명확히 이해했으니 효율적으로 진행할 수 있을 거야.	청자 고려

대화	원칙
가: 우리 팀 프로젝트 어떻게 진행할까?	
나: 난 교수님 말씀대로 해야 한다고 생각해.	
가: 팀원들의 의견도 들어봐야 하지 않을까?	
나: 교수님 지침이 중요한 거 아니야?	
가: 나는 접근 방식을 새롭게 하고 싶어. 물론, 교수님의 지침을 따르면서도 우리만의 접근 방식을 추가하고 싶어.	
나: 그게 너무 복잡해질 것 같은데. 그냥 교수님 말씀대로 하자.	
다: 나는 프로젝트 계획에 따라 창의성을 강조할 필요가 있다고 생각해.	
나: 우리한테 시간이 없으니까 그냥 빨리 끝내자.	
라: 좋아. 그런데 보고서 작성 부분에서 어떤 작업이 남았는지 말해줄 수 있어?	
나: 아, 다들 알아서 해.	
가: 그럼 남은 작업은 각자 알아서 진행하자.	
나: 그래, 다들 잘하겠지.	
라: 응, 문제없어.	

학습 활동 19

두 사람이 마주 보고 2분 동안 대화를 해 보자. 말하는 동안 의도적으로 다양한 몸짓을 사용해 보자.

두 사람이 마주 보고 한 명이 표정을 짓고 다른 한 명이 그 표정을 읽고 감정을 맞춰 보자. 이후 각 표정이 얼마나 자연스럽고 정확하게 표현되었는지 이야기해 보자.

학습 활동 21

○ ○ ○

다음 예문을 해당되는 감정과 상황에 맞춰 목소리를 바꿔 읽어 보자.

① 나는 이 일을 정말 좋아해.

　 기쁨, 슬픔

② 여기서 멈춰야 해.

　 강조, 걱정

③ 오늘 정말 힘들었어.

　 피로, 분노

④ 다음에 이야기하자.

　 친절, 냉정, 긴박

학습 활동 22　　　　　　　　　　　○ ○ ○

아래 상황의 예와 관련하여 말하기 불안이 일어났던 상황에 대해 이야기
해 보자.

---

① 시간 및 준비

　준비 부족, 제한된 시간 내 발표

② 질문 및 피드백

　예상하지 못한 질문 또는 복잡한 질문, 부정적인 피드백

③ 기술 및 환경

　기술적인 문제 발생, 낯선 발표 장소

④ 청중 및 사회적 요인

　친숙하지 않은 청중, 무관심한 청중, 중요한 인물의 참석

⑤ 개인적 요인

　자신의 생각과 다른 주제 발표, 낮은 자신감, 언어 장벽

학습 활동 23 ○ ○ ○

아래 상황에 대해 말하기 불안을 줄이거나 없앨 수 있는 방법에 대해 이야기해 보자.

① 시간 및 준비
② 질문 및 피드백
③ 기술 및 환경
④ 청중 및 사회적 요인
⑤ 개인적 요인

학습 활동 24

○ ○ ○

아래 각 주제에 대해 설명하기, 설득하기, 감정 나누기 중 어떤 목적에 적합한지 이야기해 보자.

주제	목적
환경 보호의 필요성을 이야기한다	
재활용을 실천해야 하는 이유를 이야기한다	
자연재해로 겪은 경험과 감정을 이야기한다	
건강한 식습관의 중요성을 이야기한다	
규칙적인 운동의 필요성을 이야기한다	
스포츠 활동을 통해 느낀 성취감을 이야기한다	
인터넷 보안의 중요성을 이야기한다	
사이버 폭력을 예방하는 방법을 이야기한다	
여행을 통해 얻은 삶의 교훈을 이야기한다	

아래 두 글을 어린이가 이해하기 쉽게 고쳐서 읽어 보자.

　인공 지능(人工知能)의 발전(發展)은 우리를 더욱 편리한 생활(生活)로 인도(引導)한다. 차량(車輛)의 자율주행(自律走行), 알고리즘의 추천 콘텐츠 제공(提供), 챗봇 등 다양한 분야(分野)에서 인공 지능은 우리의 삶을 더욱 다채롭고 심오한 방식(方式)으로 향유(享有)할 수 있게 한다. 대단히 편리하고 간결하면서도 매우 정밀하고 인상적으로 다가오는 이 기술의 발전은, 인간의 노력(努力)과 시간을 절약하게 해 준다. 시간과 노동력(勞動力)의 낭비(浪費), 그리고 단순한 귀찮음 때문에 편향적(偏向的)이고 단편적(斷片的)이던 것들이 인공 지능의 발전으로 인해 다각적(多角的)으로 향유할 수 있게 된 것이다. 그만큼 인공 지능은 인간의 육체(肉體)와 정신(精神)의 많은 부분을 대체(代替)하고 있으며, 앞으로도 다양한 분야에서 인공 지능의 영향력(影響力)이 인간의 영향력을 초과(超過)하게 될 것이다.

　인공 지능의 발전은 우리를 더욱 편리한 라이프스타일(Life style)로 인도한다. 차량의 자율주행(Self-driving cars), 알고리즘(Algorithm)의 추천 콘텐츠(Content) 제공, 챗봇(Chatbot) 등 다양한 필드(Field)에서 인공 지능은 우리의 라이프(Life)를 더욱 다채롭고 프로파운드(Profound)한 방식(Method)으로 향유할 수 있게 한다. 매우 편리하고 심플(Simple)하면서도 고도로 프리사이즈(Precise)하고 임프레시브(Impressive)하게 다가오는 이 테크놀로지(Technology)의 발전은, 인간의 에포트(Effort)와 시간을 세이브(Save)하게 해 준다. 시간과 레이버(Labor)의 낭비, 그리고 단순한 애노이언스(Annoyance) 때문에 편향적(Biased)이고 프래그멘터리(Fragmentary)하던 것들이 인공 지능의 발전으로 인해 멀티디멘셔널(Multidimensional)하게 향유할 수 있게 된 것이다. 그만큼 인공 지능은 인간의 피지컬(Physical)과 멘탈(Mental)의 많은 부분을 리플레이스(Replace)하고 있으며, 앞으로도 다양한 필드(Field)에서 인공 지능의 인플루언스(Influence)가 인간의 인플루언스를 초월(Surpass)하게 될 것이다.

학습 활동 26

○ ○ ○

다음 중 토의 주제로 적절한 것에는 ○표시를, 찬반 토론 주제로 적절한 것에는 △표시를 해 보자.

① 각국은 기후 변화 대응을 위해 탄소 배출을 강제로 제한해야 할까? ( )
② 기후 변화 대응을 위한 가장 효과적인 방안은 무엇일까? ( )
③ 모든 공공장소에서의 흡연을 금지해야 할까? ( )
④ 공공장소에서 흡연자의 구역 분리는 어떻게 해야 할까? ( )
⑤ 대학 교육은 모든 사람에게 무료로 제공되어야 할까? ( )
⑥ 대학 교육의 질을 향상하기 위한 방안에는 어떤 것들이 있을까? ( )
⑦ 유전자 편집 기술의 사용을 법적으로 금지해야 할까? ( )
⑧ 유전자 편집 기술의 사용을 위한 규제안은 어떻게 마련해야 할까? ( )
⑨ 모든 국가에서 사형제도를 폐지해야 할까? ( )
⑩ 사형제도의 대체 처벌 방안으로 고려할 수 있는 것은 무엇일까? ( )
⑪ 선거권을 16세로 낮춰야 할까? ( )
⑫ 청소년의 정치 참여를 활성화하기 위한 방법은 무엇일까? ( )
⑬ 모든 국가는 이민 정책을 더 엄격하게 시행해야 할까? ( )
⑭ 이민자 통합을 위한 효과적인 정책은 어떤 것들이 있을까? ( )
⑮ 정부는 인터넷 개인정보 수집을 강력하게 제한해야 할까? ( )
⑯ 개인정보 보호와 정보 공개의 균형을 어떻게 맞출 수 있을까? ( )
⑰ 모든 학교에서 교복 착용을 의무화해야 할까? ( )
⑱ 학생들의 복장 자유를 어떻게 보장할 수 있을까? ( )
⑲ 전 세계적으로 일회용 플라스틱 사용을 금지해야 할까? ( )
⑳ 플라스틱의 대체재 개발과 보급을 촉진하기 위한 방안은 무엇일까? ( )

학습 활동 27

○ ○ ○

다음 토론 내용에서 주의할 점과 그 해결 방법을 생각해 보자.

① A: "우리는 대중교통 사용을 촉진하기 위해 자동차 사용을 제한해야
   합니다. 최근 연구에 따르면, 걷기와 자전거 타기가 건강에 좋다
   고 하니까요."

   B: "하지만, 건강 증진이 주제가 아니라 대중교통 사용 촉진이 주제
   입니다. 자동차 사용 제한이 대중교통 사용과 직접적으로 어떻게
   연결되는지 구체적인 근거가 필요합니다."

② A: "대학 등록금 인상은 분명히 부당합니다. 이렇게 학생들에게 부담
   을 지우다니, 어떻게 이럴 수 있죠?"

   B: "부당함에 대한 감정적인 반응보다는, 등록금 인상의 구체적인 영
   향이나 대안에 대해 논의해야 합니다."

③ A: "기후 변화 대응을 위해 산업 활동을 줄여야 합니다. 참고로 나는
   이 때문에 알레르기가 생겼어요."

   B: "알레르기 문제는 중요하지만, 기후 변화 대응과 직접적으로 연결
   되지 않습니다. 산업 활동을 줄이는 것이 기후 변화에 어떤 긍정
   적인 영향을 미치는지에 초점을 맞추어야 합니다."

④ A: "최근 한 설문 조사에 따르면, 대다수의 사람들이 현재 정책에 반
   대한다고 합니다."

   B: "그 설문 조사의 출처와 방법론은 무엇인가요? 신뢰할 수 있는 데
   이터인지 확인이 필요합니다."

① 주장에 맞는 근거 제시

　논리적 근거 마련: 토론자 A는 자동차 사용 제한이 대중교통 사용을 어떻게 촉진할 수 있는지에 대한 구체적이고 직접적인 근거를 제시해야 한다.

② 감정적 대응

　감정 제어 및 객관성 유지: 토론자 A는 감정적인 반응 대신 등록금 인상의 영향과 가능한 대안에 대해 객관적으로 논의해야 한다.

③ 주요 쟁점에 초점 맞추기

　쟁점의 중심 설정: 토론자 A는 개인적인 경험 대신 기후 변화 대응과 관련된 주요 쟁점에 집중해야 한다.

④ 자료의 신뢰성

　신뢰할 수 있는 자료 활용: 토론자 A는 출처가 분명하고 신뢰할 수 있는 조사 결과를 인용해야 한다.

학습 활동 28

⚪ ⚪ ⚪

'온라인 수업이 대면 수업을 대체할 수 있는 효과적인 교육 방식이다'라는 주제에 대해 찬성(반대) 측의 입론을 작성해 보자.

> 사람들은 다양한 경험을 통해 교육과 학습을 하게 된다. 예전에는 전통적인 대면 수업이 주를 이루던 시대였으나, 최근에는 온라인 수업이 일상화된 시대가 되었다. 온라인 수업은 장소의 제약 없이 학습할 수 있는 유연성을 제공하지만, 학생들의 학습 참여도나 효과 면에서는 여전히 논란이 많다. 일부는 온라인 수업이 학생들에게 자기 주도적 학습 기회를 제공한다고 주장하지만, 다른 이들은 대면 수업에 비해 학습의 질이 떨어진다고 비판한다. 이때, 온라인 수업이 대면 수업을 대체할 수 있는 효과적인 교육 방식이라고 할 수 있는가? 온라인 수업이 교육의 질을 향상시킬 수 있다는 주장은 과연 정당할까?

① "온라인 수업은 대면 수업을 대체할 수 있는 효과적인 교육 방식이다."라는 주제에 동의하는가?

　　□ 찬성　　　　□ 반대

② 이 주제에 대해 찬성, 또는 반대의 논거를 작성해 보자.
〈논거 1〉
　• 중심 문장:
　• 뒷받침 문장:

〈논거 2〉
　• 중심 문장:
　• 뒷받침 문장:

〈논거 3〉
- 중심 문장:
- 뒷받침 문장:

③ 위의 내용을 바탕으로 입론을 작성해 보자.

	주제:
서론	
본론	
결론	

④ 입론을 발표해 보고 다른 학생의 논거를 정리해 보자.

찬성 측 논거	• • •
반대 측 논거	• • •

학습 활동 29

다음은 프레젠테이션을 할 슬라이드 내용이다. 이 내용을 자료로 하여 5분간 발표하기를 해 보자.

슬라이드 1
제목: 인공 지능과 언어 처리

슬라이드 2
– 인공 지능의 언어 처리 영역의 영향력
AI는 자연 언어 처리 기술을 통해 언어 이해, 생성, 번역, 대화 등의 작업을 처리함
문장의 구조, 의미 및 화자의 감정을 파악하여 인간의 언어를 이해하고 정보를 추출함

슬라이드 3
– 인공 지능의 활용 분야
인공 지능의 언어 이해 분야에 활용됨
인공 지능의 언어 생성 능력
인공 지능의 언어 번역 기능
인공 지능의 대화 시스템

슬라이드 4
–인공 지능 발전 전망
다양한 데이터와 기계 학습 알고리즘을 통해 AI는 지속적으로 발전함
이러한 발전은 인간의 언어 활용과 의사소통에 새로운 가능성을 제시함

슬라이드 5
– 인공 지능 어휘와 용어의 중요성

인공 지능 분야는 빠르게 발전하며 새로운 어휘와 의미가 지속적으로 등장함

인공 지능 어휘와 용어의 이해와 연구가 필수적임

적절한 어휘와 용어의 사용은 인공 지능에 대한 공식적인 정의와 이해를 구축함

인공 지능 어휘 연구는 학문적인 연구와 지식 공유를 원활하게 하는 중요한 요소임

학습 활동 30

유튜브에서 유명한 프레젠테이션을 검색한 후 관심이 있는 프레젠테이션을 평가해 보자.